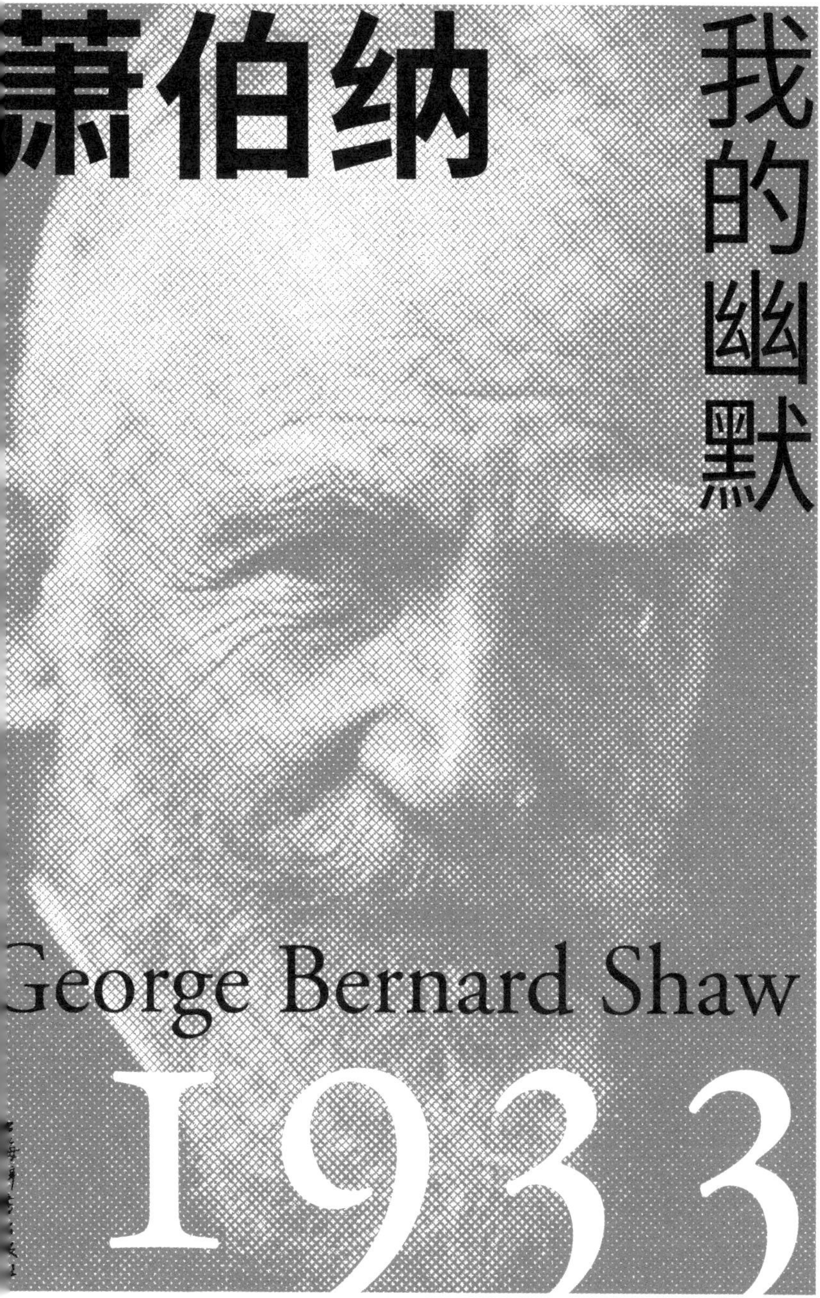

萧伯纳

我的幽默

亲历中国丛书

George Bernard Shaw

1933

“亲历中国丛书”总序

千年以来，中国一直吸引着全球关注的目光。作为闻名于世的礼仪之邦，自古就以“有朋自远方来，不亦乐乎”的包容心态，接纳过无数来自世界各地的朋友。无论是千年前的零星游客，还是百年来的传教士、学者或者大师，他们先后见证了中国古代的辉煌、近代的落寞和当代的崛起。他们经历了从好奇、探究、兴奋、赞叹，到幻灭、深思的心路历程，最后形成了专业的海外中国学。不知不觉中，这些亲临中国的朋友本身也融入了中国历史的长河。

从五四时代起，有一批文化名人不远万里，亲临中国，足迹遍及大江南北。他们通过讲演、谈话和著述，带来新学说，传播新思想和新观念，让我们不但有幸目睹他们的风采，从而进一步激起了中国人与世界沟通的愿望，并开始思索中国的发展道路。这些来华的文化名人中有美国的杜威，英国的罗素、萧伯纳，印度的泰戈尔，法国的萨特……他们是大师，是世界名人，更是中国人民的朋友。他们多年来关注中国的思想文化的发展，关注中国的历史命运。在我们彷徨不定的时候，他们为我们指点前程；在我们遭受异族侵凌的时候，他们为我们呐喊奔走；在我们取得成绩的时候，他们为我们欣喜鼓掌。他们的到来，本身就是一种热潮、一种力量。他们的每一次来访，都曾在中国产生很大的影响，成为当时的重大文化现象。他们坚定的目光、自信的话语、超人的学识，曾经感动过中国的文化名流，也曾激励过中国一代又一代的热血青年。

是的，他们与中国密不可分。或许他们的观点并不能让所有人接受，但历史会记住他们的真诚。

我们收录这些大师的讲演、著述和谈话，记录他们在华活动的行迹，选录当时及之后的种种评论，试图以此重构这些历史画面。我们愿以此来纪念这些文化名人，以进一步推动中国与世界的文化交流，这就是我们编辑这套"亲历中国丛书"的目的和意义所在。

亲历中国丛书编委会

2014年6月

目录

序　萧的幽默与幽默的萧

在20世纪来中国的外国名家中，萧伯纳或许是访问中国时间最短的一位。他在中国（包括香港）的时间只有十多天，主要活动只有一天：1933年2月17日，而这一天也只在上海停留短短的十多个小时，而且他也没有发表很多演讲。然而，他在中国的影响却不小。

萧伯纳（George Bernard Shaw，1856年7月26日—1950年11月2日），生于爱尔兰首都都柏林一个小公务员家庭，自幼爱好文学和音乐，1876年移民英国，曾担任记者。1879年起从事文学活动，他继承了易卜生的传统，关注人生，同情下层人民，揭露资产阶级虚伪的人际关系，写过不少轰动一时的剧本，如《鳏夫的房产》《华伦夫人的职业》等，是世界公认的一流戏剧家和文化名人。1925年，他荣获诺贝尔文学奖。

萧伯纳于1884年9月听了美国《进步和贫困》的作者亨利·乔治的演讲之后，开始接受社会主义思想，并曾四处演讲和宣传。后来，他发起组织费边社，成为费边社"三巨头"之一，与罗素私交甚笃，曾被列宁称为"堕入费边主义者中间的一个好人"。

萧伯纳一向反对帝国主义，争取社会进步。他早年阅读过《资本论》等马克思主义的著作，并与马克思的亲属有过交往。他同情和欢迎苏联的十月革命，对苏联十分友好，曾于1931年访问苏联，与斯大林、高尔基和列宁的夫人会晤，并在苏联度过他的75岁生日。

萧伯纳对中国人民也一直十分友好。1925年“五卅”运动期间，他曾与人联名发表公开宣言，支持中国人民的反帝爱国运动。1933年他以77岁高龄访华时，在香港阅读革命书籍，并劝导和鼓励青年学生投身革命。1943年，萧伯纳在“七七事变”六周年纪念日，专门发来贺电支持中国人民的抗日战争：“中国之前途则已充满希望，愿勿令此希望复陷于失望。”

中国人民很早就了解萧伯纳。五四时期，《新青年》杂志曾译载了他的剧作，出过“萧伯纳专号”。因此，萧伯纳应宋庆龄、蔡元培、鲁迅、杨杏佛发起的中国民权保障同盟总会的邀请来华访问时，已经在中国享有盛誉。

萧伯纳的中国之行是在1933年。是年2月11日，他抵达香港，举行了记者招待会，游览了太平山文武庙和铜罗湾天后庙。

13日到香港大学演讲，14日参加了何东爵士的宴会。15日离港前往上海。

1933年2月17日，萧伯纳偕夫人乘坐“英国皇后号”轮于清晨6时抵达上海。这一天，活动安排十分紧凑。6点45分，宋庆龄与萧伯纳在该船的早餐室会见，会见时有记者在座。

10点左右，萧伯纳在杨树浦码头上岸，先到外白渡桥畔的礼查饭店（今浦江饭店）会见同来沪访问的各游历团团员，随后又来到亚尔培路（今陕西南路）会晤蔡元培。

中午，萧伯纳在宋庆龄寓所午餐，参加者还有鲁迅、蔡元培、林语堂、杨杏佛等。据林语堂后来回忆：“在席上，萧氏谈到素食、中国家庭制度、大战、英国大学的教授戏剧、中国茶及博士登茶等问题……顺当自在，诙谐俳谑。”午餐之后，在宋庆龄寓所花园照相。

下午2点半，到“笔会”（在世界学社）与中国的文艺界、文化界人士见面，有梅兰芳、叶恭绰、张歆海及夫人、邵洵美、唐瑛等50多人出席。萧伯纳十分简要而幽默地回答了各种提问，并愉快地接受了赠礼。

下午3点，回宋庆龄寓所，在后园草地与中外记者见面，参加者有四五十人。鲁迅曾说："萧又遇到了各式各样的质问，好像翻检《大英百科全书》似的。"萧伯纳的答记者问，也同样简洁而幽默。

下午4点30分，萧伯纳在宋庆龄、杨杏佛等陪同下，来到"一·二八"淞沪抗战遗址，了解中国人民抗战情况。

下午6点，萧伯纳返回"英国皇后号"轮，并于晚上11点启碇北上，经秦皇岛和天津，于2月20日晚抵达北平（今北京）。在北平游览4天之后，于25日离开中国。

萧伯纳与宋庆龄的交谈，随即在报端长篇发表。交谈内容涉及张学良、"满洲国"、国民党、溥仪、李顿的报告书，以及萧伯纳访苏经历，等等，几乎涉及了当时时事政治的全部内容，当然也谈到了萧伯纳的作品。这份谈话，不仅体现了萧伯纳对中国人民的关怀和同情，体现了萧伯纳的中国观，同时也充分展现了宋庆龄的政治立场，比如宋庆龄一开始就谈到国民党对日本帝国主义的侵略"差不多没有准备"，而她与国民党"一点没有关系。自从1927年革命的统一战线在汉口破裂以后，我就脱离国民党出国。嗣后我跟他们一点没关系……"

萧伯纳在沪仅一日，但各种报纸，包括中文报纸、英文报纸、日文报纸和俄文报纸纷纷载文论及萧伯纳，刊登了他的谈话。

然而，有意思的是，同是一份萧伯纳的讲话，各种报纸登出来却不一样。为此，鲁迅在《看萧和"看萧的人们"记》一文中指出："第二天的新闻，却比萧的话还要出色得远远。在同一的时候，同一的地方，听着同一的话，写了出来的记事，却是各不相同的。似乎英文的解释，也会由于听者的耳朵，而变换花样。……从这一点看起来，萧就并不是讽刺家，而是一面镜。"

瞿秋白则在《政治的凹凸镜——"比较翻译学"和"小辫子的科学研究"》一文中对各种报纸的文章进行了仔细比较，从"比较翻译学"的立场，分析了"真正的英国报，冒充的英文报，日本报，中国报"，认为："萧伯纳的同一次的谈话，而记载的大不相同，尤其是关于政府和革命的问题，以及关于李顿报告书的问题。……这样，单在这两个问题上，萧伯纳就做了各种政治立场的凹凸镜……总之，每一方面都想把萧伯纳变成凹凸镜，借他的'光'，照耀自己的'粗壮''圆转'，而把别人照成扁塌塌的矮子。其实，他们各自现了原形：是戏子的还是戏子，是畜生的还是畜生，是强盗的还是强盗。那有什么法子呢？”

同时，中国文化界对萧伯纳来华也作出了积极的反应，发表了不少中肯的介绍和评论，除了鲁迅和瞿秋白之外，蔡元培、洪深、邹韬奋、郁达夫也都纷纷撰文，林语堂更是在他的《有不为斋随笔》中不断地“谈萧伯纳”。

为此，鲁迅与瞿秋白把这些文章编为一册《萧伯纳在上海》，并加以对比和分析，以“乐雯剪贴翻译并编校、鲁迅序”的名义出版，从而成为一本“未曾有过先例的书籍”。

本书全文收录了萧伯纳在中国的谈话，并选录了萧伯纳访华前、在华时及离华后的各种报道和评论。书后还附有萧伯纳在华活动日程表。本书以此记录这段十分珍贵的历史，纪念萧伯纳的访华，纪念一代文豪萧伯纳对中国人民的友谊，并以此献给当今的中国读者。

编　者

2014年6月

萧伯纳

在中国的谈话

萧伯纳在写作

萧伯纳过沪谈话记

镜　涵

记者按：本文手稿曾经孙中山夫人审阅，所载孙夫人谈话部分，皆经孙夫人手订无讹。

一

以诙谐隽永称霸世界文坛的大戏剧家萧伯纳于2月17日乘不列颠皇后轮过沪，仅留一日，原轮北上。萧氏于离香港时曾电孙中山夫人宋庆龄女士云将造访。夫人曰以萧氏年老初次来华，特偕两友乘小轮至吴淞登不列颠皇后轮往访，萧谓，过沪本无意登岸，仅欲一晤孙夫人。今既得见，便拟留船休息。继谓："苟能避免嚣烦，亦愿登岸一行。"故小轮改泊杨树浦码头。是日午餐及下午招待新闻记者均在孙宅。小轮往来约四小时，萧氏健谈，语妙天下，所涉范围尤广。此篇所载，仅就记忆所及，问答语气，力求近似，以期不失原意。

谈话开始于皇后轮早餐室。

萧氏：请问中国对日本的侵略有什么准备？

孙夫人：差不多没有，北方的军队仅有陈旧的军械与军火。南京政府把最好的军队最好的军械军火，用来抵抗中国的农工，不用来抵抗日本。

萧氏：南京政府与红军能不能成立一种联合战线来抵抗日本呢？

孙夫人：前年12月中国中部苏维埃政府曾发表宣言，宣告假使南京政府停止进攻苏维埃区域，他们愿意与任何军队缔结攻守同盟，抵抗日本的侵略。

萧氏：这倒是一个很公平的提议。

孙夫人：这个提议并未被接受，南京军队仍旧继续向苏维埃区域进攻。

萧氏：请告我苏维埃区域的所在与面积。

关于这一类的谈话继续许久，萧氏所问的包括张学良、“满洲国”、国民党、南京政府、蒋介石，等等。对于这些问题，萧氏似乎都十分关心。

萧：“满洲国”是怎样一个政府？溥仪是怎样一个人？我只有从他的先生庄士敦听见一点。

孙夫人：他实是日本的傀儡，并且曾经想要逃走。所谓满洲国，不过是日本政府的傀儡政府。

萧伯纳过沪谈话记

大家又谈到各种题目——中国的犹太人、神庙。萧氏问中国人可还记得马可波罗。

孙夫人：在广州，有一座纪念马可波罗的庙。

萧氏：你想中国人也会造一座庙纪念我吗？请告诉我，中国人民对于李顿的报告书的态度如何？

孙夫人：人民是反对的，但是政府已经接受了。你也许知道在欧洲的非战会议组织了一个特别调查团，预备于本年3月来中国调查满洲状态，然后来上海会议，这个调查团的领袖是巴布斯、觉罗赛等人。

萧氏：巴布斯、罗兰曾邀我赞助这个会议。但是这是一个会议，实在不能停止战争。用战争来停止战争也不能解决这个问题。只有各国真下生存于和平的决心可以停止战争。人民自己并不要战争。欧洲大战以后，所有参加的国家都发现他们的景况大不如从前。大家都毁灭了。这种事实可以使人民厌恶战争。国际联盟里面有一个工具，叫着国际知识合作委员会。假使世界上的知识分子，能利用这个工具来反对战争，也许比另外组织一个会议来得有效。

孙夫人：在上海的会议，其主要的作用仍是宣传——反对战争的宣传。真能消灭战争的唯一方法，唯有消灭造成战争的制度——资本制度。

萧氏：但是我们不都是资本家吗？我自认有好几分是……你难道不是吗？

孙夫人：不——完全不是。

二

谈话转到苏俄。在萧氏四小时谈话中，自始至终不离这个题目。

萧氏：在莫斯科游览时，李维诺夫（Litvinoff）与卢那察尔斯基（Lunacharsky）常与我同行，当然有许多人会说他们是来监视我，并且使我仅看到他们所要我看的东西。这简直是胡说。我查出他们同行，是因为他们自己不曾见过家乡的东西！你知道，随处都有这种现象，他们十分忙，忙到没有功夫看自家的机关和制度。他们对于所见的同我一样的有兴趣……我用许多方法出其不意自己去参观。有一天，我们乘汽车经过莫斯科大街。我忽然令汽车停在街心，问："哪里是最近的警察所？"汽车夫指着一所离开不远的房屋。……我跳出车，走进去，上到四层楼，走进审判案件的警察所。但是这间屋子完全不像一所警察公堂，这不过是一间大屋子，放了几张桌椅，在屋子的一头，一张长桌搁在一个低平台上。正在受审的是一个妇人 —— 一个打胎的专家。她最近仅得了一张许可证，便替人堕胎，这次是再犯，听说很严重的。我打听出一个妇人至少须有两个医生的许可，始可打胎。很快一个法官回来了。她是一个妇人，看来是一个很能干的妇人……像我们在英国所见旅馆经理一类的人物。有两个陪审官，都是男子，他们宣告犯事人有罪——犯罪的妇人站起，把她对于法官的感想很爽快地说出：她再不愿与你有什么交涉，也永远不再踏进这间公堂；她认为这种不利于她的判决简直是羞耻，是冤狱！然后昂着头气愤愤地走出去……她仍旧回到原来工作的地方去工作，当然是受着监视，而且在夜间必有人看守……这是我亲见的一幕。

与我同游苏俄的有艾斯脱夫人（Lady Astor）与洛司米亚公爵（Lord Rosmere），你知道艾夫人是下了决心去找寻忧患

（unhappiness）的，并且一定要人家承认错误与不乐的。有一次在一个合作农场，她遇见几个美国工人或者从前曾在美国的俄人。她简直不信，他们向她说英语，她连自己的耳朵也不能相信。她向他们中间一个人喊着问："你从哪里来的？"他答："从马萨诸塞（Massachusetts）来。"她问："你为什么离开美国来到这个坏地方？"他答："因为我要自由，我要言论自由！"

我们行程完了，艾夫人仍旧不信，仍旧继续在找寻忧患。最后她拿椅子移近李维诺夫，拿手放在他的臂上，目光注视着他的眼睛，问道："现在只有你同我，请你说真话，你对于革命的实现不觉得懊丧吗？"李维诺夫仅答："敬爱的夫人，我是一生为革命工作的，现在仍旧在工作之中。"

三

萧氏：自由是什么东西？不列颠给印度人一种用陪审官的自由审制，要是陪审官赦免了罪犯，裁判官便推翻原判决再判送入狱，这便叫作不列颠的自由制度，言论自由——在各国究竟怎样？仅仅少数人可以有权说几句话，真真有价值的言论自由，或是德谟克拉西，应当给工人农夫受伤时喊痛的自由，与改良伤害他们的条件，这便是在苏俄所有的自由。

我很注意斯大林。当我们与他谈话时大家以为不过25分钟，实际上已经谈了两小时半，他对于理论似乎不甚注意，他是一个注重实际的人——用实验的方法求问题的解决，凡是成功的计划他便叫做马克思主义。

对于斯大林的第一个印象是觉得他是一个美男子，棕色眼，一个乔治时代人——很美。什么使你这样想？是了。他有一种军人气概，严整的制服不加一点装饰，一件上衣纽扣直到喉际，军装的纽扣上面用布罩着。你再往下看——稍为胖点，你觉得他很像主教。他的母亲在他的幼年想使他做传教士，但是他却变了一个布尔什维克。有一次他为党曾经劫银行，但是这件事现在他最怕人提起。他最容许人说话，你可以尽量讲，他不响，只是静听。等你说完了，他很谦逊地问，“你假使不反对，我愿意说几句”，然后说他所必须说的话。一个最务实际的切实人！说话最少。他是一个国家主义者，一个机会主义者。所谓机会主义者是指他在星期一试验一种计划，假使仍不行，星期三再试一种，他注重目的不注重理论。他要达目的，不择手段，但是结果他终于达到。

四

萧氏："我曾经会过克鲁普斯卡娅（即列宁夫人），听说斯大林曾告诉克鲁普斯卡娅假使她继续与政府麻烦，他可以取消她的列宁夫人的头衔加在另一个人的身上。"萧氏对于这个传遍全欧的笑话大笑，忽然传问孙夫人："告诉我，南京政府曾打算取消你的孙中山夫人的头衔吗？"

孙夫人笑答："尚未——但是他们很愿意。"

萧氏：我要送一本著作与克鲁普斯卡娅并且与她谈谈，但是在莫斯科的官吏，今天推到明天，告诉我各种理由。先说她有病，后来竟说她不在莫斯科！我以为他们必定有什么不愿意我见，她或许因为她的反抗思想被幽禁在什么地方。最后我坚决地表示，"我要见克鲁普斯卡娅！"他们耸肩答道："可以——假使你一定要。"我开车出了莫斯科行了好几个钟头到了一所可爱的旧日伯爵或地主的别墅，在屏外充满日光、用白色大柱持撑的廊下我遇见克鲁普斯卡娅，她完全不是一个被幽禁者，也不像不快乐。我查出阻止我见她的企图却是她自己意思；她羞怯，怕见我。

我发现克鲁普斯卡娅完全与我的期想不同，在照相上她是很丑，但是实际上她是一个极可爱的温和老妇，一副特异蒙古种面孔——高颧骨；我生年所见最有意义的妇人之一，你觉着儿童必定爱她，会在她身上滚。

五

萧氏：我见了高尔基，他也在城外一所别墅里，有很阔的阳台。他是一个高瘦的老者，一个著作家。有什么可说！他所有的器具都在窗里，在他的书里。我在20年前读过他的《夜宿》与其他剧本。以后曾会过他，现在他的传记出版了，特别是《我的童年》。

某友：这本书可算得奇伟了，可算得是空前杰作之一，对吗？

萧氏：是呀——很雄奇，其实人生最值得记忆的是童年，以后便都是一样了。我现在也写了一点关于我的重年，已印在我最近出版的书中。

一友问：你读过高尔基的《四十年》吗？

萧氏：没有。

某君：这是一部三本的小说，叙述革命前40年中俄国知识界的思想与生活，叙述他们生活的极端无聊与永远不了的哲学幻想——像一只狗追逐自己的尾巴，这部著作太长——充满了无用的讨论与细节——但是恰像当时知识界的议论。

萧氏：那时候，书都太长：没有少过三卷的。

某友：高尔基《四十年》中的人物使我联想到你的《碎心之屋》。

萧氏：是，这是根据俄国模型写的！

某友：我爱那老船长萧脱弗！

萧氏带了诙谐的笑容，开始他的回忆："你一定想不到我从哪里找到这种角色，有一天一个欢喜说话的女伶朋友告诉我关于他的老父的故事，一个不信教的航海船长，常常往来于西印度，他既老又病，医生说他不久要死，他的女儿受了牧师的劝告来为他准备后事，他们不愿意拿他就要死的消息告诉他，但是终于向他说了，并且劝他信教，吃献神的面包，但是他一定不肯吃这块献神的面包，非加奶酪（Cheese）不可！”

萧氏把头向后仰，十分高兴地说：“我听见这位老海船长非有奶酪不肯吃献神的面包，我决定把他写在书里……那个老头儿见却不曾死……后来病好了；我相信一定是因为那块奶酪的功劳！”

大家都大笑。

某友问：在莫斯科时你去看过戏院吗？

萧氏：没有。我在那里的时候正值戏院关门，我只看过一出戏，一个最悲惨的戏剧，完全与苏维埃生活无关，叫做《乞丐的歌曲》（*The Beggar's Opera*），一个很坏的剧本，很坏的表演；在演戏的当中，忽然从戏台后面来了一队人拿了“欢迎萧伯纳”的旗帜！这真是一个最可厌的表演！后来俄国人自己也说这种戏不应该存在于苏俄，但是俄国影片却是非常好！非常好。

我在莫斯科时他们做了一件不可能的事，他们举行一次赛马表示对我的敬意，并且拿其中一匹马的名字叫作萧伯纳，他们甚至请我给奖。我记得奖品好像是一张卢布票。在赛马以前我对他们说，现在他们既然取消商业竞争，恐怕赛的时候只可有一匹马！

有人问他：你有读过新文学没有？

萧：不。我对于新文学的意见与列宁相同。新文学，也许是好的，但是我读不懂。

“萧先生，近代思想，哪种于你最有兴味了？”

萧：我对什么都没有兴味。我是一条活尸。我早已死了。

“绝不然，绝不然！”

萧：那么便是死去一半。有一长时期，青年少辈忘记我了。他们说我落伍——说我是维多利亚时代人物。但是现在高尔斯华绥、摩尔、哈代都先我而死，他们却记得我了。现在他们称我为“老翁”（Grand Old Man）……青年作家我都不认识——科沃德（Noel Coward），我是认识的，但是他已是中年了；他不仅是戏剧家，他会作曲。关于苏俄的青年作家，我不大知道。俄人是个伟大的民族，懂艺术的民族。也许太懂艺术了……这回在船上，我仍夜读旧作度日为乐。这船与船客真令人不堪。他们喝酒跳舞到半夜三时。终是吃醉。所以我工作，你知道我的父亲喝酒而我工作。我在船上写好了一个可笑的小喜剧，现在正写别的东西。

孙夫人对一位在座的说：我不明白，他过去的生活，怎么能记得历历如画？

萧：可以记得的。一人年老的时候。

他身微向前，眼光好像看到远外的注视那位朋友。他的回答，使人想起《碎心之屋》书中萧脱弗船长的话："一人老的时候，就做梦。"

六

孙夫人：你的作品，哪一本最得意？

萧：我不订我的作品的分数。写完时，就是写完——我把它们撇开完事。

孙夫人：但是你说《鳏夫之屋》不大高明。

萧：是的。奇怪——去年又有人扮演这戏了。现在他们连我最初撰著的一本小说都刊行了。在我未写戏剧之前曾写四本小说——很坏的东西。笑话！我是由实地写作学写作的。自然，书局不要这些东西。稿子藏在抽屉里好久，后来有社会主义的杂志来跟我要稿，我没有，就把这手稿给他们。社会主义的刊物总是稿子缺乏的……我少时由投稿的经验，学得一种见识，就是守旧派的报纸肯刊印社会主义的报所不敢刊印的文稿。社会主义的报，常顾虑到被人封禁，守旧派的报倒没有这层顾虑。我记得一位编者删去我投稿的一大部分——自然是最精彩的部分。我问他什么理由，而他回答：你是不是以为我们的报是要宣传社会主义？

孙夫人：中国的情形更坏了。言论机关非常驯服的。国民党所发新闻，说我是中央委员，或是说我说这样，我说那样，或是说我跟反动军阀同行，或是我是在这个委员会，在那个委员会。我否认时，他们命令报纸不许登载。

萧的眼睛，变成两条讥讽的细线："自然他们一定是这样做的。他们当不起让人家知道你的主张。你瞧，比方现在报上说我，萧伯纳杀死岳母，这便是新闻好材料，是不是？但是如果我否认起来，说他们撒诳，而声明我在此地安然同我岳母吃早餐，他们不认为这是新闻好材料……请告诉我，孙夫人，你在国民党的地位如何？

孙夫人：我一点没有关系。自从1927年革命的统一战线在汉口破裂以后，我就脱离国民党出国。嗣后我跟他们一点没关系……

萧：你是infant terrible（说话天真令人难堪的小孩）。

七

有一位问萧伯纳关于婚姻的意见。

萧：对于婚姻还能有什么意见？我讨过老婆——就是这么一回事。我想结婚的人比有外遇的人自由。外遇的秘密的苦痛太大了。有几位妇人曾经向我提议，但是他们的条件我没有方法接收。我绝不肯使一妇人挨受这种关系的苦痛……社交上的苦痛，等等……

有人提起女人问题。

萧微笑地说：我理想的妇人是能够招待男人，而仍旧让他自由工作，自由行动。

某君：萧先生，你戏剧中的女人不正是这样么——能招待男人而让他们自由工作。

萧：你得承认从有戏剧以来，我的剧中女人最先能活跃地、有人性地出现于戏台上，不是吗？

“是的，不错。”

萧：我在苏俄有过一次经验。在苏俄时，我已看惯了自己工作供养自己的妇女——有专行的妇女，劳工的妇女，各种努力正经的妇女。但是我过境到波兰时，我又看见粉黛妖艳的女人——打扮给人家看的女人，你明白。喝！我几乎要喊巡警！

八

大家谈到赫理斯，即萧传的作者。

萧：赫理斯老是对人讲，说他有一天看见我挨饿坐他在的台阶，而把我抬举起来。我老听这话，听厌了，有一次就写一篇文章，寄到纽约给他登载于他所编的*Persons*杂志。在这篇文章，我说我，一个天下驰名的富翁，一天坐在我的书房，正向窗外窥望时，看见一个形容枯槁的矮汉在雨中立在我的门前台阶。我开门让他进来——那人就是赫理斯。那篇文章内容是这样的。但是赫理斯不肯把它发表。

一阵高笑的声音充满了小轮船上的舱房。

某君说：但是赫理斯在《比尔孙》杂志的后封面，曾登一大广告。上端大书“三位伟大的同代人物”，底下左边是你萧氏；右边是王尔德；而在正中稍高的地位，有一张更大的小照——就是赫理斯。

萧笑了。“那正像赫理斯的为人”，他说，“但是真可惜，没有一人来搜集及记述他所著述实在好的作品及他的行径”。

九

萧见了鲁迅时说：他们称你为中国的高尔基。但是你比高尔基漂亮！

鲁迅：我更老时，将来还会更漂亮。

十

上海记者问萧伯纳对于中国的意见。

萧：问我这句话有什么用——到处人家问我对于中国的印

象，对于寺塔的印象。老实说——我有什么意见与你们都不相干——你们不会听我的指挥。假如我是个武人，杀死个十万条人命，你们才会尊重我的意见。

《申报》所载萧伯纳谈话

记者按： 萧君于二月十七日在萧会及招待记者所谈，大意已经登载次日报上；兹为搜集此次萧翁过沪材料使成完璧起见，特将申报所载转录于下。其间有刺谬不符及脱漏之处亦凭记忆所及，代为补正。

▶ 梅兰芳列席 萧氏等抵世界学社时，座中先到有梅兰芳、叶恭绰、张歆海及其夫人、邵洵美、唐瑛女士等，首由张歆海介绍，一一与萧握手为礼，当介绍梅兰芳时，萧氏与之立谈颇久，由张歆海氏翻译，萧氏谓英国戏剧演时无锣鼓等声音，盖演剧时一有杂声，即损害观众注意力，而中国演剧时，颇觉过闹。

梅答称，中国戏剧有两种，如昆曲即为不闹之一，叶恭绰氏当即谓梅君之演剧，并无闹声，有之亦唯音乐之相助而已，梅君继即致景慕之词，并言余舞台生活，已有30年，平素知爱尔兰人富于忠实友谊，今后甚愿与萧氏认识，作一朋友。萧氏闻梅君已有30年之舞台生活，而注视其面容曰，君诚有驻颜术哉（记者按：萧氏并谓但君欲与爱尔兰人结交，须知爱尔兰人虽然生性率直可亲，然说话极靠不住）。

萧氏与梅君谈后，即起立作幽默之演说，大要如下：此刻演说不必要，因在座诸君均为著作家，我诚为班门弄斧，普通人均视作家为神秘伟大之人物，今诸君皆尽知内容，多言何益，况作家实亦劳工，不过其工资较之劳工更少耳。此时林语堂向萧氏言，先生自己未必尽然（盖萧氏所著各书，在英国版税所抽独重），萧氏答以我之作品，非均有收入者（记者按：萧氏之凡关于社会问题之小册子或演说等，例不收费），且我之戏剧赚钱，皆为演戏者所赠我，在座梅君，可证明此言不虚也。继萧氏又谓，我在此正如一动物院中之陈列品，诸君已看过，我亦不必多言矣，演讲后，叶恭绰作华语问萧氏不吃肉之原因，萧氏（闻言即问君所言系英语乎？众哗然），余所需要并无原因，余不喜吃肉，即不吃肉，（且素食系圣人与英雄之食物，诸君不得不承认余为望人也。）后由笔会将北平东安市场泥制之戏装鬼脸，装一锦盒，连同古绣衣一件，相赠萧氏，赏鉴之下，喟然曰，戏中有战士、老生、小生、花旦、恶魔之不同，均能于面貌上鉴别之，惟吾人面目，大都相同，而内性则未必相似也，其语意甚幽默，耐人寻味。

▶ **对中国印象**　　萧氏于下午3时许，离世界社返莫利爱路（今香山路）孙宅，即在孙宅园内接见中外各报社记者，记者首先叩问萧氏此行对中国印象。萧氏耸肩笑答，表示此问之答复，实非一二短语所能尽述，盖犹如一著作家写作二十卷多帙之巨著，非一时之能匆匆作完者然，萧氏曰，余今年已七十有七，当余行抵世界各地，凡遇新闻记者时，必以此语叩余，无论在寒地热带，其实世界之现象，总是如此，且余抵中国为期尚暂，故目下无整个印象，足以说述，"且问余对中国之意见于诸君何益。诸君能听余指挥安排乎？假使余为一武夫，杀过十万生灵，即余之意见始可得诸君尊重也"。

▶ **无文化可言**　其次，萧氏又批评及于中国文化之缺点，渠称中国与东方，苦无文化之可言，盖文化一义，如照科学解释，即为凡一切人类行为之可以增进人类幸福者，尤其对于大自然之控制，在中国除田乡间尚可寻求其少许文化外，此外殊无文化可言（记者按：此系双关语，"文化"二字在西文为culture，此字又可指"耕田工作"［agriculture］。且当时萧氏谓东西皆无文化，所谓文化系假冒，不仅指东方），中国今日乃向西欧搬取许多已经失有效用、贻害大众之所谓"文化"，比如议会之起：人民不欲有政府，英国人民利用议会，首则推倒帝王之统治，次又推翻教堂之威权，但最后却不会推倒资本之势力，因其源为资本所操者也（英国今日盖无政府主义也），又如英国之大学，几乎将个人之自由意志，摧残净尽，而取陈腐无用之老古董，灌入学生之头脑，使成为有一定格式之人物，到某时做某事，某境有何反应，可预料而定者，似此种所谓西方文化，中国搬之何益。

▶ **被压迫民族**　记者旋询萧氏，东方被压迫民族，如何始能谋得出路。萧氏沉思后答称，上项问题，殊难作复，不如俟余离开上海后，再作答复，因为在此地说话，似乎不甚安全也。时另一记者质询萧氏，谓此种答复，对于中国，殊少帮助。萧氏至时乃详为解释。亦曾言及资本主义之崩溃，马克思主义之精神，及苏维埃俄罗斯革命之方法等，畅谈不已。

▶ **述革命方法**　萧氏对一问题，既经开始，即畅论不已，故由上述弱小民族之出路问题，乃不觉谈及革命方法问题，萧氏曰，余过香港时，曾嘱学生革命，但请勿误会，余非劝令学生至街上殴打警察，当警察持棍到场镇压时，其最妥善之方法，即为奔逃，且须尽速奔逃，以免头破血流，切不必与警察对峙，盖警察似强盗手中之手枪，吾人遇盗时，决不愿与手枪对抗，但欲打倒彼持枪之人，此须用组织计划而不可蛮挺也。（与巡警殴打，此无政府主义，非共产主义也。共产主义乃有计划有组织的建设新的经济生活）即各工人为要求待遇而罢工，其结果亦必冻饿，余以社会主义之立场，反对罢工，惟在今日之环境中，此项手段，有时亦不得不采取耳。

▶ **颇揄扬苏俄**　继称，苏俄年来内部之现象，无论精神上与物质上，均有良好与充分之表现，然此种有规模之进步，不仅苏俄自身能得极好之利益，获取美满之成功，在其他各国，亦足资借镜，取彼所长，摹仿而实行之，萧氏并坚决表示观察云，彼信社会主义，早晚必得普通实行于世界各国，虽革命之手段和步骤，各个国家，其所采取之方式，容或不同，但殊途同归，至最后之终点，必仍趋于一途，而成为一水平线，至于苏俄革命之成功，亦可谓由于俄国帝制时代对于政治犯之待遇太苛所养成，驱诸有异样政治思想之人于西伯利亚，适给一般革命情绪坚决之人以读书深思研究组织之机会云云。时有俄报记者在旁，突语萧氏云，彼于离国境时，所见俄国境内之情状，但见纷乱不堪，并未如所誉之甚，于是萧氏又断然告之曰，君所语者，实系若离俄时1922年之所见，非最近苏俄之情况也，倘君于此时返国一观察（假加今日君返国之后而仍能逃走者），必知今日情形之甚佳矣；仅凭过去之观察、以衡现在之苏俄，当然不能知最近苏俄进步之速也。

▶ 英对华政策 记者又询以英国对华政策如何，萧氏微笑答称，英国人可谓无一人认识中国，故根本谈不到政策。又谓，李顿报告书可称公平，然以篇幅过长，恐无人能全部予以熟读耳。萧氏谈至此，稍顿，继谓今日英国本身问题，急待解决者至多，决无余暇再过问中国之事也。

▶ 需要为实际 萧氏又谓，中国今日所需要者为良好政府，要知好政府及好官吏，绝非一般民众所欢迎，中国为政，每苦言论过多，殊无实在效果，故最需要者莫若实际之工作云。

▶ 上海甚恶劣 最后，记者叩以君对上海兴趣若何。萧氏谓上海至为恶劣。又问，君对世界二次大战作何感想。据答，二次大战，吾人俟其到临可也，毋庸今日鳃鳃之过虑云云。

谈约45分钟之久，记者以萧翁已微露倦容，遂相率告辞。

（1933年2月28日《申报》）

泰晤士报记者与萧伯纳谈话记

开　洋

译者注：萧伯纳来沪，在孙夫人寓所接见新闻界时，《上海泰晤士报》（*The Shanghai Times*）亦派记者参加。与萧氏另作单独的谈话。此记者为爱尔兰人，与萧同乡，故二人谈话甚投机。兹特将该记者与萧氏谈话时之记录翻译之如下。

爱尔兰人见了同乡，向例很不客气，总是讲老实话的，所以我劈头就问萧氏，为什么他那样地没有爱国心，主张把爱尔兰让与美国，以抵战债？

好一个心气和平的萧老头儿，他听了这个问题，不唯不生气，倒反笑着问我，叫我平心静气想想，他这种是否一个有补于世界和平的办法。他说：美国要的是赳赳武夫，但除了爱尔兰人以外，世界上的赳赳武夫就很少，既如此，何不做一个人情把爱尔兰送给美国呢？没有爱尔兰人像他一样，世界上就没有天才；不过，他承认爱尔兰人的天才有百分之五十实在是疯狂的表现。无论如何，他说，英国的岛地是太多而金钱是太少了。所以与其让美国逐渐地占领英国的属岛如牙买加（Jamaica）与巴巴多斯（Barbados）等等，不若把爱尔兰送给他们，倒还爽快些（译者注：

萧伯纳与其传记作者鲁文斯坦在散步时讨论作品构思

牙买加与巴巴多斯皆位美国附近，因其为英属地，并无酒禁，故嗜酒的美人都喜欢到那边去。萧氏说恐怕美国占领此两岛，乃是一种幽默的说法，意思就是美国人去的日多，此两岛终久就不免要变成美国化了）。

讲完爱尔兰，我又顺便提到，爱尔兰未克斯福德（Wexford）地方的养蜂会因为他著《黑女求神记》，否认有神，有驱逐他出会的消息，问他对此事的意见如何。他说，他们不能开除他，因为他是一个永久会员（Life Member）。他接着又说，他看不出为什么养蜂的人一定非信上帝不可。“这又是爱尔兰人疯狂性的一种表示。像这样的爱尔兰人我相信就是蜜蜂也不愿与之为伍！”

谈到德瓦勒拉（De Valera）（译者注：德瓦勒拉为爱尔兰党自由之领袖，主张独立最激烈者），萧氏问，他究竟是个什么人？他讲据说德瓦勒拉是菲律宾人迁家到爱尔兰者。何以见得呢？因为不是菲律宾人不会那样激烈地主张独立运动。德瓦勒拉闹了半天，并没有把爱尔兰弄好，不过，这或许是因为爱尔兰政治制度不良，举出50个人来治理国家，又另外举出50个人来制止这50个人，叫他们不能实施他们的政策。接着讲到比较正经的题目，萧氏说他不懂为什么他到的地方，大家都反对共产主义。不行共产主义，则非走上美国式的政体或君主政体这两条路上不可。但是，美国最无个人自由，人人都是奴隶；而君主政体之专制，更不待言。

“我并不是说，我否认中国有穷苦及被压迫的人民。不过中国的问题，要让中国自家来解决，用不着求救于外人。要是中国人是有能力和胆量的，从一团糟的局面中打出一条生路应非难事。

“讲到中国，我根本就否认开会或发宣言可以把中国弄好。英国的毛病，就在乎说话的太多，做别样事情的人太少。所以我们的标语应该是：‘闭口！闭口！大家闭口，多做事，少讲话！’

“用不着说，共产主义在俄国已经得到很大的成功。他们已经做出不少建设的事业，但是英国人还是主张俄皇复辟，岂非无聊之极。俄皇复辟就等于恢复从前俄帝国的腐败状况——那还成么？”

萧氏发表了上面这番伟论后，又讲了许多中英关系的话——

泰晤士报记者与萧伯纳谈话记

“英国对于中国最糟糕的，就是没有一种一定的外交方针，因为英国根本就不了解中国的现状。英国只知道中国要的是军器，所以只要中国拿现金来，英国总是很大方地一手拿钱，一手交货。李顿报告很好，可惜照我这种无教育的人看来未免写得太长。就是英国政府的外交官员，也未见得有功夫把这样厚的书从头看到尾。我只看了两章，已经觉得深奥得不成样子了。

“我说英国对于中国无一定的外交方针，但事实上也不能怪她。英国现在正在自己家里失盗，哪里有闲心来搭救他人。至于哪个是抢英国的强盗，我想你一定已经明白，用不着我告诉你”（译者注：此指美国逼还战债）。

萧氏于是乎又说，要是大家都学他一样，以人生为舞台，世界上自然太平无事，不会有什么政治的纷争了。

关于中日问题及满洲事件，萧氏说他要等到离开中国以后，才便表示意见。他又说，中国人太讲究“教育”，太不注重常识。中国的大学毕业生太多。这一般“可怜虫”不知道进了大学以后就是好人也要变成痴子。

马克思不是一个大学毕业生，但是他仍不失其为能人及真正的共产主义者。他的房子不生火，他会到英国国家博物馆（British Museum）图书馆去取暖，他请了一个管家，但是他从未付过她的薪金（译者注：此指马克思的老婆），这种聪明，一般大学生，焉能望其项背？

末了，萧氏说英国的缺点就是“罢工太多，说话的人太多，啤酒太多，而素食者太少”。即以罢工而论，实在是很无聊，因为罢工者与自己情愿饿死在仇人门口的人又有何分别……

萧氏讲到此地，我看天色不早，遂与他告辞而别。

2月19号晚译

萧伯纳敬告中国人民

宋春舫　译

《时事新报》特派记者，往见萧伯纳氏，请其发表对于中国人民之意见，俾印入特刊中，于是此爱尔兰之戏曲与散

文家，在未离香港以前，以简净之笔，写成下列数语：

“I am flattered by this request for a message to the Chinese people, for it implies that I am a modern Confucius. I, however, cannot see myself in that magnitude.

“The Chinese people cannot live on messages, and too many messages are not news for the press, and usually provide the dullest reading. Besides, I am at present trying to find out what message China has for me and for the West. Her history since the year 1911, when it is completed, will be the fullest instruction for students of political science. Then she will have achieved a complete cure for that disease called civilization, either by changing it to her own benefit or rejecting it altogether. In the meantime I can only look on and wonder what is going to happen. It is not for me, belonging as I do to a quarter of the globe which is mismanaging its affairs in a ruinous fashion, to pretend to advise an ancient people desperately striving to set its house in order.

萧伯纳敬告中国人民

"Europe can give no counsel to Asia, except at the risk of the old rebuff 'Physician, heal thyself.' I am afraid I have likewise nothing to say in the present emergency except 'China, heal thyself'.

"With China's people united who could resist her?"

"承垂询对于中国人民之忠告，是以现代孔子视我也，予何敢当。

"中国人民，不能恃他人之忠告以为生，且忠告过多，即不成新闻，而常为读者所厌弃矣。况予此来，正欲反叩中国人民，对于余及西方人有何忠告。中国自1911年革命以来，以至将来完成之时，其间经过，足为研究政治学家之教训者实多，逆料其成功之日，足以根本疗治近世'文明'之病。改善之，可也，弃若敝屣，亦可也。余唯有旁观而坐视其变化耳。予今来自颠倒错乱之国家，危墙之下，事变正殷，何能对兹古国人民，努力改建之际，妄思有所忠告乎？

"欧洲对于亚洲，实不能有任何训话，否则必贻反唇之讥，谓

‘医人者当自医’也。中国今在危急存亡之秋，予不敢贡献何种意见，但谓中国人当自救耳。

“中国人民而能一心一德，敢问世界孰能与之抗衡乎？”

萧伯纳的格言

徐志摩　译

生命真纯的快乐，在于为一目的而生存，在于为你自认为强有力的目的而生存；在于将生命的能力，充分使用，用到筋疲力尽，然后再让这皮囊扔进垃圾筒；在于确然成为自然界的一个势力，不是一个热病似的、自私自利的小蠢物，一堆的病痛，满口的冤屈，尽抱怨着世界，为的是世界不能尽心竭力来使他享福。

生命真纯的悲惨，在于被只知自利的人利用，所为又是你明知道卑鄙的目的。除此以外，最坏无非是单纯的坏运和身死；那才是唯一的苦恼、奴辱、阳间地狱。

人的行为，都有理由可说，除了一样；他的罪恶，都有理由可说，除了一样；他的安全，都有理由可说，除了一样；那就是他的懦怯。

在天堂里，你一面生活，一面做工；不比在地面上，你一面躲懒，一面说大话。你认定是非，对付事实，绝无顾忌；什么事你都不躲避，除了妖法；你的稳健，你的危险，就是你的光彩。

民主政治不能高出于选民所从来的人类原料。

不要爱你的邻居像自己一样。如其你和自己是过得去的，那就变了味，如其过不去的，那就伤了感情。

自由的意义是责任。所以大多数的人都怕自由。

德行不是自制不为恶，而在不愿为恶。

赌博之于穷人，犹之财产之于富人；都是无中生有。为此所以牧师们始终不敢公然反对。

留住他人应得的夸奖，怕的是受奖人因而自满，其不诚实犹之扣住一笔应付的债，怕的是你债主因而滥花钱。

你若然常在梦境里讨生活，你可以得到些梦里的妙趣；若然常在事实里讨生活，你就会沾染到事实的蛮味。我希望能够发现一个地方，那边事实不尽是蛮，梦境不尽是幻。

不到30岁的人，只要稍为知道些现在社会的状况，而不是一个革命者，他定是劣等。

不要拿你愿意他人待你的待人。他们的口味也许不同。

能行的只是做；不能行的只是教。

总要想法使你的恭维像水晶一样透明；因为真恭维的地方就在你以为那个人是值得恭维的。

死不碍事，怕死碍事。杀与死都不足以辱；卑污的生活，和接受耻辱的工资与利益，方是辱。宁可十个平等人死。不愿一个奴隶式的生活。

再不要抵抗引诱：什么都得证实，只要抓紧什么是真好的。

对你同类最大的罪孽，不是恨，而是漠不相关；那是“不人道”的元素。

单是宣传说所有的人是天生自由的，而同时否认他们是人生善的，没有用。只要保证人的善，他的自由就没有错儿。

（选自《晨报》副刊第七二、七六号）

中国人
眼中的萧伯纳

萧伯纳

徐志摩

今天且起始来讲萧伯纳(Bernard Shaw)。在研究萧伯纳之前,我们至少要了解一些尼采的思想。尼采可以说是一个预言家,他的"超人"的思想,到萧氏方完全实现出来。萧氏是一个终身主张超人的人。有人说他不是寻常人,是上帝。他现在还生存着,我曾见过他好几次。他的言语很锋锐,谈起话来,直没有你插话的机会。他的声音很沉着,很纯正。他爱穿绿色的服饰,因为爱尔兰的标帜是绿色;形式都是独出心裁,因为他自己便是个艺术家。他不好烟酒。

了解萧氏是很难的,没有身临西方境地的人,真不知他的话是说些什么。他的话多似是而非的颠倒语。他是自己的好批评家。在他的戏剧作品里,每篇剧前都有一个序论,有时序论竟比原剧还长。如果将他的序论都凑在一处,直可以当作一部"政治科学史大纲"看。

在19世纪70年代,英国戏剧界消沉极了,差不多的作品都是中下级,没有特出的。到1889年才有易卜生的戏剧输入国内。那时有个演剧家名白茵的,和萧伯纳是好友,白茵正急的要选择一个优美的剧本,萧氏便替他作了一篇《寡妇之室》,1894年他又出了《不快意的戏剧》三卷，英国戏剧界方才大放光彩。

萧伯纳反抗浪漫派。他的作品虽有人说他有些像浪漫，但他却不是堕落的浪漫。

他所讲的恋爱，不是痴情，是使人不得不恋爱的生命力。他说人为生命力所压迫才恋爱的。

（编者注：本文为1923年徐志摩先生在南开大学暑期学校所讲《近代英文文学》中的第九讲，由赵景深记录。赵景深当时是一个文学团体绿波社的社员，也报名入学听讲，这篇记录稿后收入他所编的《近代文学丛谈》一书内，上海新文化书社1925年11月出版。）

欢迎萧伯纳

林　一

在去年的美国《新群众》（*New Masses*）杂志上，曾经有过这样的一张漫画，从苏联回国后的伯纳萧，手扭住了欧美资本家的红鼻子，一手遥遥地指着在成功行程中的苏联五年计划的建设。当新闻记者们围住了伯纳萧问苏联有什么缺点的时候，萧说：

“苏联当然还残留着一些缺点，但是我跑到人家国里去，不是去找缺点，是找优点去的；如果我要找缺点，在我们这儿，跨出大门，就满眼都是，何必老远地跑到苏联去呢！”

是这样的一位伯纳萧，现在却以77岁的高龄，忽然动了壮游的老兴，搭船到远东来了。据最近的电讯，说在本月的17号，他就可以到上海了。

欢喜“幽默”的中国人，对于这位幽默大家的到来，当然会有一番热闹的欢迎。听说南京方面，已经由朱家骅、罗家伦等领衔打电报去欢迎他了，定然还有不少的幽默家，想戤外国招牌卖道地国货的。像过去欢迎杜威，欢迎泰戈尔那样的作一下大广告。但是，把伯纳萧硬拉做百家姓上的同宗的这些高等华人，真会懂得伯纳萧，或是使伯纳萧懂得一些真正的中国么？这委实是一个疑问。

在第一次世界大战狂热了欧美一切高等人物的时候，伯纳萧很不客气在那些战争英雄的鼻子上，涂上了白粉，敢然地反对强盗分赃的大战。最近苏联向世界学者名流质问下一次进攻苏联的世界大战中将抱什么态度？伯纳萧回答得很有趣，他说：

“等他们打苏联的时候，我早就被吊起来了。”

这是多严肃的一个“幽默”的回答。现在，正是这个大战迫在眉睫的瞬间，日帝国主义的“英雄”们，正在很勇敢地向中国大众揭开了大战的血幕，太平洋的风云一天紧似一天，不知在今朝还是明天，这个强盗们的分赃大战，立刻就会爆发。在这时候的伯纳萧的远东之游，尤其是他这次的漫游之前，亲口对印度的民众说：

“英国是应该放弃印度的！”

可见他的确是看见了些什么，准备被人家“吊起来”的。可是我们欢迎他将使他看见些怎样的中国呢？

自然，旧的中国是崩溃太怕人了，但是新的未来的中国，也在这许多灾难当中诞生了。我们希望伯纳萧，能够健在，再一次扭住帝国主义的大鼻，叫他们看看这新的成长着的孩子！

而且我们敢这样的相信，伯纳萧的确是这样带着希望的心情来的!

哈啰,伯纳萧! 咱们是这样欢迎你的!

(原载《艺术新闻》,第一期)

萧伯纳

黄河清

在一个月前宣传英国最伟大的讽刺家兼戏剧家萧伯纳(George Bernard Shaw)行将来华,这消息好像他的辛辣的作品一样的,立刻给我们以一大刺激。这位77岁的老作家,前年曾至苏俄游历,考察其五年计划的成就,而今,正当日本积极侵略吾东北之际,又起兴来华,不知他看到了中国社会之昏迷状态,将作何感想!

这位老翁,本是不易了解的,乞斯顿(Chesterton)在《萧伯纳评传》中劈头就说英国人不了解萧伯纳,而况我们远在东方的中国人，当然更其不易了解他。虽则在五四运动以后，随着易卜生的剧本，国人也曾翻译过他的几本剧本，但至今还没有正确地介绍他的思想与作品的人，我希望他的来华，正如他藉此更明确地认识中国一样，我们也得由此而更熟识他。

萧伯纳的一生是很多曲折的，他在未写剧本之前，曾度过都柏林的学徒生活，曼彻斯特的社会主义者的生活，伦敦的著作生活，这种生活看似平凡，实则和他后来的作品有很重要的关系。我在这短文里，仅把他为戏剧家之前后的生活思想略加说明，因为我想这或许正是人家所忽视的一点。

萧伯纳在回顾过去的生活时这样说：

"我生于爱尔兰都柏林的市外，在那里过着17世纪似的生活，所不同的就是那边有煤气灯与戴高帽子的警官罢了。在儿童时期，文学与音乐把我介绍到18世纪。自后我的生活又进了一步。最后我便渡过海峡，来到伦敦静静地向时代的前面进行——向易卜生、尼采、费边社与我自身的著作时代的前面进行。"

萧伯纳自都柏林投入伦敦，是1876年他20岁的时候。那时候他对于自己的运命还没有把握。他的父亲是个中产阶级的生活失败者，他的母亲是个自由思想的非家庭的妇人，他就在放任怠慢之中生长起来，既没有受过正当的教育，也不知认真的信仰；而因家境贫困，自15岁起就不得不自谋生活。他从这样困苦的生活中渐渐地把握着社会意识，而自己表现的本能亦由此逐渐得以发展。

他到伦敦以后，事情完全失败，最初的六月差不多全在饥饿中挨过的。他自己曾这样说过："人生犹如战争一般。为要射死一个人，便不得不放千百颗子弹。"过后，他当音乐批评记者、演剧批评记者，也曾写过诗、做过小说，但是都没有成功。最后为剧本作家，乃由《华伦夫人之职业》一剧，一跃而为剧坛重镇，那正当他离开了故乡18年，即1893年，他37岁的时候。

那时候他自己已有一种独特的思想。那是怎样的思想呢？而这种思想是怎样造成的呢？我们可以举出直接给萧伯纳的思想以影响的先辈，如雪莱、易卜生、尼采、马克思、瓦格纳、莫扎特、米开朗琪罗等。但是影响他最大的，却是马克思的思想。萧伯纳实在是英国最初的马克思主义者。

在1882年他听了《进步与贫乏》的作者美国亨利·乔治的演讲后，受到极大的感化，对他全生涯造成了一个奇迹。他既知道了经济基础的重要，就开始读《进步与贫乏》，并出席社会民主联盟的集会。接着他就研究马克思的《资本论》。他曾经读过达尔文的著作，而没有变成达尔文派，但他一读到马克思的著作，便忽而成为社会主义的信徒了。自1883年至1884年，是萧伯纳最兴奋的努力宣传社会主义的时期。当时他读到费边社的一册小册子名《多数人何以贫穷》，他就决心和这班颇有教养的聪明人共同工作，遂加入了费边社，因此交识了许多同志，如有名的魏勃、摩利思等。

社会主义在萧伯纳是最高尚的东西，同时也是最尊贵的东西。乞斯顿在论到萧伯纳之为社会主义者时，这样说："谁也知道社会主义的提案，是要将一切的财产应归国家所有；而一切的财产也应平均地加以分配。而那提案，在理想上实是站在没分辩余地的两种主义之上的。即第一，人类可怕的不幸先直接地需要人类自身的援助；第二，这种援助应常是团体组织的。例如人民半数濒于饥饿时，应予以工作与面包。这是社会主义最有力的根本主张。而萧伯纳对于社会主义却是和他对于素食主义取着同一的态度。即他排除感情，以理性判断一切。虽则理解萧伯纳的人，当然知道他对于压迫穷人是处处抱着同胞似的悲愤的。”萧伯纳虽则同情于穷人，却把贫穷视为罪恶，他在《巴尔巴拉少校》一剧中，很露骨地表现着他的贫富观，说：

“贫乏使所有的都市腐败，使可怕的疾病传播起来，扑杀了见到听到嗅到它的人之魂灵。由此看来，说贫乏是‘犯罪’是不成问题了。伦敦虽广，真正的常犯也不过五十个光景；可是营养不足的，穿着破烂衣服的污秽的贫民，真不知有几百万。他们毒害我们的肉体与精神。他们破坏了社会的幸福。”

这种观念也许是他那爱尔兰的洁癖所造成的。爱尔兰的超脱性与清教徒的峻严性，对于他所仕奉的主义与国家，本予以非常好的影响。但是萧伯纳有个最大的短处，就是没有民众的感情，就是现在也还是这样。实际上，这种民众的感情不论在他的人道主义中，社会主义中，都是找不到的。因此这费边社的新洗练过的信念，反使这位爱尔兰人变成更贵族的，使这清教徒变成更排外的。

自1883年至1888年，萧伯纳还在当新闻记者，先作新书批评，继之担任美术批评栏，但都是艰苦的工作。而这时候他在过社会主义者的生活，艺术的表现不过是余技而已。他自青年时代以至现在白发的老年，不曾过过一次文人生活，年轻时虽曾出席过文学的研究会，但从没有加入文士集团。他曾以此自夸，他说他一身虽干过许多杂事，但决不像许多文人样，以甜蜜的艺术的果子养身，过梦想的生活。总之，他的生活是在艺术中求实行，在实行中求艺术，而所谓为艺术而艺术的话，在他看来简直是一种梦话；生活的艺术，人道的艺术，除此以外，艺术在他是没有用的。尤其是年轻时这种倾向非常强，因此他觉得站在讲坛上做一个社会问题的论客实在比写美术与新书的批评，要有趣得多。

但至1888年当了音乐记者之后，社会主义的演说只限于在星期日，握笔的机会便多了。他在孩童时，曾在音乐的空气中过活，并会弹钢琴，所以他对于音乐颇有自信。这工作他继续到1894年。这时期他有了机会研究瓦格纳。乞斯顿曾说："萧伯纳很钦服音乐家瓦格纳。那是因为瓦格纳是不是用言语说话的。瓦格纳若使不是一个音乐家而是一个普通人，恐怕萧伯纳便要和他起争论了。”萧伯纳之为音乐批评家，完全是个“瓦格纳党”，他对于瓦格纳的音乐中之革命的音声，不惜加以精到且痛烈的赞辞。他对于莫扎特、贝多芬、门德尔松也发表了真挚的鉴赏。

自1894年至1898年，他为礼拜六评论社之评剧记者，打破了迟钝与讽刺的残骸样的19世纪的沉默，使人听到剧坛上真挚且激烈的论战，他拿起了战车与喇叭，决心以战车为神圣的战车，以喇叭为正义的喇叭，而显示了为音乐记者以上的才能。他那时候所作的重要论文，都收在那两卷题为《戏曲论集》（*Dramatic Opinions and Essays*）中。他的兴味大半在于莎士比亚与易卜生，他赞扬后者，而责贬前者，其理由是因为后者有思想，前者却缺乏思想。爱利萨朝的诗人唯一有表现一项可贵，但其表现虽伟大，因思想贫乏，所以不免空虚。据萧伯纳的意见，英国人并不是真能赞赏莎士比亚的人种，而只能做到相信莎士比亚的人种。即在英国人，莎士比亚是一个神明，是向之祈求的一种物体，实则萧伯纳之对莎士比亚挑战的态度，还是爱尔兰人的革命的态度，即追求真正崭新的东西，憎恶压制的态度，不，几乎憎恶历史的东西。乞斯顿在《萧伯纳评传》中说有三大势力给萧伯纳以极大的影响。而这三大影响便是萧伯纳自身是“爱尔兰人”“清教徒”“进步主义者”。萧伯纳之误解莎士比亚，最大的原因就是因为他是一个清教徒，而莎士比亚在其精神上是天主教的。前者是自己突进去探求真理，后者只以口谈真理为满足。清教徒的长处，在其顽强之点，而天主教徒的长处，在其宽大之点。萧伯纳似乎完全误解了莎士比亚的厌世主义的文句，因为莎士比亚的厌世主义，唯有抱着一定的信念的人才能有的，那是一种独特的情调：一切都是虚荣，人生若尘埃，恋爱如灰烬。而萧伯纳却以为真挚的乐天的倾向，时常是悲剧的乐观主义之最伟大者。他在反对莎士比亚的厌世主义论中，常有透彻的理路与可惊的卓见。

同时，萧伯纳对于易卜生却推赞备至，他以为易卜生是伟大的思想家，他用写实的手法写近代人对于知的精神的解放之苦闷，并对这伪善的俗恶的时代之机械的道德，表示反抗。萧伯纳又说易卜生不是艺术家，而是道德家，同时他的戏曲是含有教训的，而伟大的艺术都是教训的，在易卜生，这种特长特别浓厚，且不限于易卜生，所有优秀的戏剧家之作品中，都有说教的部分与普通的精神。萧伯纳的这种论调，无异给他自己的剧本以一个肯定的解释。他在1891年出版一本《易卜生主义之精华》（*The Quintessence of Ibsenism*），这书可说是萧伯纳的道德观之精华，同时是易卜生主义的宣传书。

萧伯纳既自觉到天才，遂用心锻炼自己的思想，并研究其表现思想的方法。后来于1898年就辞去了剧评记者，专事剧本。他的三篇不快意的剧本（Plays Unpleasant）即《寡妇之家》（*Widow's House*, 1893），《调 情 者》（*The philanderer*, 1898）及《华伦夫人之职业》（*Mrs. Warrons Profession*, 1899）与四篇快意的剧本（Plays Pleasant）即《武器与人》（*Arms and the Man*, 1898），《加 狄 达》（*Candida*, 1898），《运 命 之 人》（*The Man of Destiny*, 1898）及《你不能说》（*You Never Can Tell*, 1898）出版后，立刻成名。人家只要读到他的一篇剧本，便要顺次地读他全部的作品，一看过他的一篇剧本，就在等待看他的新剧。他的作品出版后，大家都厌弃了别的作家而买他的书。而这七篇剧本中尤以《华伦夫人的职业》与《加狄达》为最成功，可是优秀的艺术品都不是有趣的东西，所以萧伯纳虽则把他的剧本分为快意的与不快意的两种，但这两篇都不是快意的作品。同时就真理都是不快意的这意义上说来，这两篇实在可以说是不快意的作品。但是我们应得注意：这两篇却是作者的典型的佳作，与表现根本的恐怖的作品。

过后他几乎每年都有新剧本上演与出版，其最著名的如《恶魔的弟子》（*The Devils Disciple*, 1901），《恺撒与克利奥特剌》（*Caesar and Cleopatra*, 1901），《人与超人》（*Man and Superman*, 1903），《医生的难关》（*The Doctors Dilemma*, 1911），《结婚》（*Getting Married*, 1911），《归于麦条舍厄尔》（*Back to Methuselah*, 1921），《圣佐安》（*Saint Joan*, 1923）。他的剧本即是他的批评。他以睿智的洞察力，观察解剖且暴露现代生活之极底，要把社会从沉滞腐败之中解救出来，而以机智、辣语、讽刺来刺戟群众，使之自觉。

他又排斥自希腊以来的使喜剧与悲剧对立的习惯，放弃由人生与运命的关系而区别悲剧与喜剧的想法，他由他一贯的思想，将增强生命之力的称为喜剧，反之则称为悲剧而加以排斥。

他自觉为喜剧作家是他的光荣。而他所写的剧本，都是由这见解出发的人生观照，文明批判。

（原载《社会与教育》第一一六期）

萧伯纳的幽默

韬　奋

英国的当代文豪萧伯纳氏（George Bernard Shaw）最近环游世界，听说可于这几天到上海，大概记者这篇短文和读者诸友见面的时候，这位白发皓髯精神矍铄的萧老先生已到了中国。他是一个社会主义者，他的有声有色的著作都是在揭发暴露现代资本主义社会里的矛盾腐败黑暗，在我国所谓"有力量的人"尚彷徨于歧途中的时候，这位老先生到中国来走走，我们当然尤其表示欢迎。他今年77岁了，不但思想和他的年龄成反比例，就是他的精神的"老当益壮"，也足以振作振作我国人里面年未老而先现出一副老腔老样的“待亡人”，这也是我们对于他可以表示欢迎的一点。（萧氏的许多戏剧的名著都是在40岁以后作的，其中有一半是在50岁以后作的，他的尤其伟大的三种剧本*Heartbreak House, Back to Methuselah, Saint Joan*都是在60岁以后作的。）除了这两点外，他的为人，他的演讲，他的著作，最令人不忘的，就是在他那纵横的机智和辛辣的讥讽中尤富于令人失笑令人绝倒的幽默意味。但是他并非一味替“笑林广记”增加材料，所以他有一次听见人说“这个有趣的脚色不过说说笑话罢了”，他欣然地回答道：“不错，我是说说笑话。不过我说笑话的方法是要说出真实来。这才是世界上最有趣的笑话。”（见Henderson所著*Contemporary Immortals*）他最近途经香港，对路透社访员就说了一大篇“笑话”，访员问他要不要飞游长城，他说：“我以为没有趣味的事情莫甚于此，长城于中国有什么用呢？”他并用冷讽的态度盛赞日本不向中国宣战一点最得体，因为说宣战确未宣战，一面仍得积极侵略！这些话在我国人听了当然痛心，但却都是“真实”。

讲到萧氏青年时的奋斗生涯，却不甚幽默。他的老子一贫如洗，萧氏早孤，全恃寡母抚养成人，15岁就弃学就商，廿岁到伦敦，最初三年，常在商店里替人记记账簿，抄抄货单，所以他后来说笑话，说他的“较早的作品”是在账簿和货单里面！但他同时却无时不在那里梦想要作一种小说。于是在1879年，他鼓着勇气大胆地写他的第一种小说。他作完之后，即名为《未成熟》，但是卖不出，从来没有出版过。他不为胆怯，又在纸的反面作第二种小说，名《无理性的结》，但是他当时的著作，各出版家连看都不要看！可是他丝毫不为胆怯，又继续作了三种小说。萧氏自己后来说起这五种最初作品的时候，他说：“我总记得最初的五种作品是几包很重的黄包纸，常常由出版家陆续寄还我……我总记得当时要想把寄回来的稿子再寄与其他的出版家去试试看，六便士的寄费就很费一番筹措的工夫。”这种情形，在事后追想，在我们旁人听来，固然是颇饶“幽默”，可在当时的萧氏未必觉得有什么十分的幽默吧。但他不至气死，能一而再再而三地克服困难，却仍靠他的幽默的精神。

（原载《生活周刊》，第八卷第七期）

欢迎伯纳萧

李　翼

英国文坛的老大家，伯纳萧已经来沪了，关于这位老战士的来华，我们表示着万分的欢迎。

萧是生长在老大帝国主义国家的英吉利，他已经有77岁的高龄，他是从19世纪到20世纪，但是他绝对不像邓南遮的歌颂着法西斯蒂的威力；他也不像高尔斯华绥一样，对于时代乃至于政治的“冷淡”。自然，萧过去曾经是一个和平主义者和自由主义者，但是当他目睹了社会主义的国家的五年计划的成功，以及全世界经济危机的深刻，他就意识到未来的世界，是必然的属于革命的建设和生产者，所以他从苏联回到英国时，回答专门发问“苏联坏到怎样”的新闻记者，是非常有力的两句话：“我只看见好的地方，没有去找坏处！”这两句话，不但揭穿了大不列颠绅士们的污蔑苏联的谣言，同时更给关心着苏联情形的劳苦群众一个忠实的情报。

不但如此，日本帝国主义的强盗行为，强占了东三省。进攻上海，强占榆关，这轰天的大炮声，不但轰起了全中国乃至于全世界劳苦大众反帝的高潮；同时更轰动了这位老作家的心，他于是就到东方来实地观察帝国主义的强暴，和反帝大众的雄姿。在中国作家之群，听得日本帝国主义占领榆关就不敢去北平，和北平的学生仓忙逃难的现在，这位老作家的精神，是何等的可佩！

不但如此，当这位老作家经过印度时，几十位新闻记者包围着问他对甘地和印度独立的意见时：他的回答是，“绝食不是办法，假使我碰到甘地时，一定叫他吃饭”，而对于印度独立，是更有力的一句话，“印度随便独立好了”。

自然，这位老作家到现在为止，还不过是一个社会主义的同情者（就文学上说就是同路人），我们希望他能够更进一步为着最广大的大众奋斗！

伯纳萧先生啊！高尔基在你的前面，你努力地追上！最少你也应该学到巴比塞那样参加反帝国主义的实际运动！我们希望着！

（原载《红叶》周刊，第一百廿二期）

萧伯纳与高尔斯华绥

郁达夫

我们正在预备着热烈欢迎那位长脸预言家的萧老的当中，却不幸又接到了去年诺贝尔奖金获得者高尔斯华绥的讣告。萧今年76岁。高尔斯华绥今年65岁了。

照理说来，65岁，也并不算是夭寿，但这位由法学家出身的英国上流社会的精密记录者，若是不死的话，以后说不定总还有几册巨著出来，来报告我们以英国上流社会的动摇与变迁。高尔斯华绥在文学上的功绩，不单是福尔赛斯家的史传，与《银盒》《斗争》《正义》《群众》诸剧本，可垂不朽，就以他当1893年在南海旅行的途中，发见了海军作家康拉特的一事业来说，也该在英文学史上占一席地位了。虽然是比较上流出身，但他那始终为人道而立言，对社会下针砭的态度，就是在时代不同，潮流激转的现在，我们也不得不加以十二分的尊敬。

反过来说萧，他老先生对社会的态度就不同了。初听听似乎只在说玩而不当正经的死话，但闭目一想，或笑后心灵一转，则立刻就可以发见这位长脸老人的嬉笑怒骂，哪一句不是准对着社会症结的强心针？善哉，麦克开勃（Joseph McCabe）

之言，他批评萧说："他并不说警句奇语，但他本身却是一句警句。是最有道德的不道德家，最不利己的为我主义的说教者，最洁己的十诫否定人，最严肃的幽默利世德。"（The gravest Humorist）这不是很适当萧的评语么？

有一次有一位以美貌驰名欧美的女优曾对他说："萧先生，你若和我结了婚，生下一个小孩，相貌像我而头脑像你，那这孩子岂不是世上最美丽最有思想的人了么。"萧说："万一相貌像了我，头脑像了你，那还了得！"

诸如此类的妙语，在萧的76年中间，不知发放了多少。曾记得他到俄国去参观的时候，斯大林也不得不认作马克思主义的后生小子，因为他说，我研究马克思，是远在列宁之先。当时欧洲各资本主义的国家，正在宣传苏俄强制做工的违反人道，而萧却对俄国人说："我愿意欧美都有这种非人道的现象发生，否则那些成千成万的失业工人，那里会有出路呢？"

在我们中国，幸喜还有一位鲁迅先生——可以和萧伯纳对对。片语杀人，人家都在骂他是绍兴师爷的故技，但萧伯纳总不至于是萧山人罢？

1933年2月1日

（原载《自由谈》，1993年2月2日）

五十分钟和伯纳萧在一起

张若谷

我们的汽车，才停在莫利爱路故孙总理住宅的门前，看见一个穿灰色大衣的外国老头儿，白发，白须，高鼻子，粗眉毛，小眼睛，从门口踱出来。预先候在门外的新闻记者和摄影记者们顿时把他包围起来。洪深充作临时翻译，对记者们说："三点钟请诸位派代表再来，伯纳萧先生预备接见新闻记者，以六人为限。"

"伯纳萧钻到宋子文的私人汽车里，我们的汽车，紧紧跟在后面，在霞飞路（今淮海中路）上疾驰，一直向福开森路（今武康路）世界学院开去。我看时表，是2点35分。

在世界学院一间精致的小厅里，已经有十几位男女在那里恭候。大半都是世界笔会中国支会的会员，有戴眼镜穿马褂的蔡元培，团圆面孔静如好女子般的梅兰芳，胡髭像刺猬般的鲁迅，还有叶公绰、杨杏佛、林语堂、张歆海、谢寿康、邵洵美，以及其他与政治文艺都有关系的名媛与要人。

洪深真是一个热心的导演，他忙着要把这一群的男女临时支配成一个舞台场面，他请萧老头儿坐下来，但是这一个可爱的老头儿，不知是要学习中国礼貌呢还是要表现他的不老的精神，仍旧像一尊石像般兀立在中间，大衣也不脱卸，便和来宾一一握手行接见礼。

不懂中国话的伯纳萧先生，和不会说英国话的梅兰芳，彼此相见了。萧老头儿劈头第一句，并不说久仰岂敢一类的客套，他在白胡髭下露着笑容说：

“我们都是同样的人物吓！”

他这一句话，无非是说梅兰芳是一个做戏的，他是编戏的，彼此都是舞台的人物。但是此老颇有矜夸他和梅兰芳都是所谓世界名人的意味。梅兰芳，自然极客气地说了许多景仰和不胜荣幸一类的答词。

常被人家用许多问题诘问的萧老头儿，他乘梅兰芳还没有提出请教一类的话前，先下手为强，他便问道：

“我有一件事，不很明白。我是一个写剧本的人，知道舞台上做戏的时候，观众是需要静听的，为什么中国的剧场反喜欢把大锣大鼓大打大擂起来，难道中国的观众是喜欢在热闹中听戏吗？若使叫英国的小孩子听了，一定会发惊疯的。”

梅兰芳很和婉地回答道：“中国戏也有静的，譬如昆剧，从头到底是不用锣鼓的。”

萧老头儿被强迫坐了下来，大家都静穆地围着要求他讲演，他仍旧穿着一件灰色的大衣，突然从皮椅子上站了起来，照例说了一声：

“小姐和君子们请了……”

他接着用演说者应有的声调说了一大套表示他不愿意也不预备在上海作什么演讲。他说：“我到这里来，好像是动物园中的一件陈列品，你们既已经都看见了，我想也不须再多说话了。”

他最后表示很愿意受座间任何人很随便的质问，只要不是严肃而非沉闷的，他都愿意答复。

不知道是哪一位先生，叶公绰呢还是林语堂，问道：

“先生为什么理由，不吃肉？”

“我不喜欢吃，便不吃，没有理由，也没有什么主义。”

若使别人说了这一句没礼貌的回答，也许要使人生气，但是萧老头儿是一个著名爱说俏皮话的，人家不但没有生气，反而哈哈地大笑起来。

现在是轮到送纪念礼物的时候了。笔会的同人，派希腊式鼻子的邵洵美做代表，捧了一只大的玻璃框子，里面装了十几个北平土产的泥制优伶脸谱，红面孔的关云长、白面孔的曹操、长胡子的老生、包扎头的花旦，五颜六色，煞是好看。萧老头儿装出似乎很有兴味的样子，指着一个长白胡须和他有些相像的脸谱，微笑着问道：

“这是不是中国的老爷？”

“不是老爷，是舞台上的老头儿。”我对他说。

他好像没有听见，仍旧笑嘻嘻地指着一个花旦的脸谱说：

“她不是老爷的女儿吧？”

当许多人围着萧老头儿在争看那个小玩意儿，鲁迅一个人，似乎听不懂英国话，很无聊地坐在一旁默默不语，一忽儿他安步踱出到外面另一间里去了。

十分钟后，我们的汽车跟着宋子文的自备汽车，我们又在宋庆龄女士的住宅前了。

最初是由充任临时翻译的洪深、林语堂传达道：“请新闻记者们公举代表六人进去。”

但是可爱的萧老头儿，不要叫人失望，他征得了房东太太宋庆龄女士的同意，把所有中外新闻记者们，都请到草地上去了。

雪白胡须的老头儿，先立在一只鸽棚前：想去抚摸一只无知小白鸽，那小东西扑的一声飞走了。

记者们，老是那样地提出了许多很严肃的问题，要他发表关于远东、中国、东北、社会……各种的意见。他也老是用着他习惯对付新闻记者的方法，像调侃又像讽刺说了一大篇谈话（详见今日各报所刊伯纳萧谈话）。中间有一个外国报的新闻记者，听见他揄扬苏俄革命的成功，和萧老头儿争辩了许多时候。老头儿照样说着俏皮话从容回答。宋庆龄女士脸上表现满足的神情，站在草地石阶前。闭紧着将要笑出来的嘴唇，很有兴味地倾听萧老头儿巧妙的议论。

3点25分了，我因事不得不离开萧老头。当我离开那个只能在上海勾留八小时的爱尔兰77岁老人时，我看见戴眼镜穿马褂的蔡元培，和刺猬须发的中国老作家鲁迅，他们二人正静穆地站在草地一旁，仰头望着天空看云，我行色匆匆，也来不及问他们对于萧老头儿有什么意见了。

2月17日夜

（原载《大晚报》，1993年2月18日）

马相伯老人之答问

余读今晨《时事新报》载萧伯纳香港旅次来电，称伊此来正欲反叩中国人民，对于余及西方人之意见若何。老迈如余，请代表“老大中国”一言。

余忆1884年访英时，观光牛津剑桥大学，彼时希腊古剧尚流行；如今萧氏一流之新剧，不仅能在英国扮演，且推广至其他各国，此余对于萧氏之彼，不禁有今昔之感。且其时爱尔兰在英压迫中，禁用其语言，今爱尔兰自治邦得公然提倡，励行国语教育。萧氏为爱尔兰人，虽似不关切此种事，当亦熟悉也。余之感想，中国成语：“人惟求旧，器惟求新”与古经有：“太阳之下无新世事”相印证。我国人民，方羡慕爱尔兰之恢复独立自主，以其发扬加特力宗教（编者注：加特力宗教：亦译“公教”，即天主教）之精神，不知萧氏，亦有怀旧之心乎？惟余在国难时期，夙主张人民自救，诚以我有四万万七千万人民，果能发奋自强，真如萧氏所谓：“中国人民联合起来，世有谁人能与之抗？”惟我国以机械军器不如人，故日前受困于东邻岛国，非众寡之势不敌，乃新旧之器不同。希望我执政当局，采萧氏“China help thyself”之嘉言，努力救中国！此则应向萧氏，表示余之同情。余尤希望国人效法爱尔兰人，求独立自主之精神，以抵抗暴日到底，故目前对平津热河，更誓死自卫，诏告世人，民为邦本，造成民治之新中国。

（原载《大晚报》，1933年2月17日）

翁照垣将军致萧伯纳书

萧伯纳先生鉴：

欣承先生来华，并视察一二八淞沪战役之遗址，照垣以事离沪，不能陪驾，殊抱歉仄。兹谨赠拙著英文《淞沪血战回忆录》一册，为先生来华之纪念，且使先生亲见强暴者炮火余烬之后，更披阅是册，可知当时被压迫民族浴血苦战，可泣可歌之情况，更仰先生为当世文豪，平日呕出心血，写尽人类喜生恶死之哲学，领导群伦，踏进和平大道，庸讵知际此泰东西竞尚文明之世，我远东尚有此狺狺者，日施其狰狞面貌，残酷手腕，而视人类和平于弁髦耶，然则先生既临此境，复悉此情，对此人类，又不识洒几许慈爱泪也，伏希珍重。翁照垣谨上。

（原载《申报》，1933年2月18日）

飞游长城

慧　珠

“飞游长城”，是一种多么壮观的快事！

萧伯纳在离开英国以前曾经说过：“赴华后，将飞游长城。”

但是为预料所不及！ 1月3日榆关失守，关山沦陷！ 渴望的东方历史文化上伟大壮观的天下第一关，第一关的匾额，却已经送到东京去陈列！

“事与愿违！”失望之至！ 不敢再作豪想！

事实迥乎在逆料之外！ 一夜间沈阳陷落，一月间败退锦州；榆关失守，平津已朝不保夕！ 或者因“战略关系”会退守到黄河以南！

但是既到了东方，多少总有一线希望，“不愿华北战事阻我行也”，姑且游一趟北平，瞻仰瞻仰东方的文化城！

公宴欢迎，似乎还有一个请他演说的交换条件——“以导游长城为报”。聪敏之至，倒是投其所好的。只惜这话说得不是时候。

日本人已明明占据了山海关！九门口还是一部分忠勇兵士效死的疆场！虽则说长城既称为万里，正不必计较着榆关的一隅！

事实成了幻想，遗憾与失望能使萧伯纳氏多添一种新感想：“长城于中国有何用乎？”

（原载《申报·春秋》，1933年2月18日）

萧伯纳颂

何家干

萧伯纳未到中国之前，《大晚报》希望日本的军事行动会因而暂行停止，呼之曰“和平老翁”。

萧伯纳既到香港之后，各报由路透电译出他对青年们的谈话，题之曰“宣传共产”。

萧伯纳语路透访员曰，“君甚不像华人”，萧并以中国报界中人全无一人访之为异，问曰：“彼等其幼稚至于未识余乎？”（11日路透电）

我们是老练的，我们很知道香港总督的德政，上海工部局的章程，要人的谁和谁是亲友，谁和谁是仇敌，谁的太太的生日是哪一天。但对于萧，惜哉，就是作品的译本也仅只有三四种。

所以，我们不能认识他在欧洲大战以前和以后的思想，也不能深识他游历苏联以后的思想。但只就路透电所传，在香港大学对学生说的“如汝在20岁时不为赤色革命家，则在50岁时将成不可凿之僵石，汝欲在20岁时成一赤色革命家，则汝可在40岁时不致落伍之机会”的话，就知道他的伟大。

但我所谓伟大的，并不在他要令人成为赤色革命家，因为我们有“特别国情”，不必赤色，只要汝今天成为革命家，明天汝就失了性命，无从到40岁。我所谓伟大的，是他竟替我们20岁的青年，想到了四五十岁的时候，而且并不离开了现在。

阔人们会搬财产进外国银行，坐飞机离开中华民国，或者是想到明天的罢，“政如飘风，民如野鹿”，穷人们可简直连明天也不能想了，况且也不准想，不敢想。

又何况20年、30年之后呢？这问题极平常，然而是伟大的。

此之所以为萧伯纳！

（原载《自由谈》，1933年2月18日）

政治的凹凸镜

——“比较翻译学”和“小辫子的科学研究”

瞿秋白

萧伯纳到上海说了些“闲话”，这样也谈谈，那样也谈谈，其实都是人家逼着他，他才说的，他本来并没有“宣传目的”。他一生一世都在“宣传”，你要去问他，他自然只会说他所要说的话。但是，一些政治背景浓厚的记者，受着主人的嘱咐，却想利用萧的话来替自己宣传。他们也会记录他们所要的“纪录”，原文不大中意，还会捏造一些谎话。何况萧说的是英文，从英文翻成汉文，或者翻成日文，甚至于像《大陆报》似的，还会从英文翻成汉文，从汉文再重新翻成英文。（不要忘记《大陆报》是中国当局的英文半官报）——这种复杂的过程之中，很可以做些手脚。这样转辗传译，就把萧伯纳的谈话翻陈出新，弄出许多“修正”、“删改”、“补充”、“捏造”的把戏来。

好罢，我们就借此来研究一下“比较翻译学”。

真正的英国报、冒充的英文报、日本报、中国报都在我们的面前。萧伯纳的同一次的谈话，而记载的大不相同，尤其是关于政府和革命的问题，以及关于李顿报告书的问题。

先说关于中国政府和革命的问题罢：

（一）《字林西报》——“回答着关于被压迫民族和他们应当怎么干的问题，萧伯纳先生说：‘他们应当自己解决自己的问题，中国也应当这样干。中国的民众应当自己组织起来，并且，他们所要挑选的自己的统治者，不是什么戏子或者封建的王公’……”这几句话不见于其他各报。什么道理。大概因为统治着中国民众的那些戏子和封建王公心上会不舒服。而英国的《字林西报》把它登载出来，却有点儿奇怪。莫非那些“戏子”还不大合于英国的胃口？可见做戏也不容易，美国人爱看了，英国人又有些讨厌了。

（二）《大陆报》——“关于现在中国中部共产党反对南京政府的战争，萧伯纳先生说：‘一个好的统治者在民众之中永久不会有好名声的，因为十次之中有九次统治者不是一个好戏子，他不知道怎么去取悦于他的民众’。”看罢，这里的“戏子”变更了自己的地位了！从这句捏造出来的“萧先生说的话”，仿佛可以得到这样一个结论：南京政府在民众之中没有好名声，因此（！），南京政府是一个很好的统治者，如果它永久没有好名声，就证明（！）它永久是好的，而且南京政府的好，正在于它不像一个“戏子”——不会“媚众得宠”（!!!）。呜呼，戏子呀，我们的好戏子呀，你们真正会唱戏，实在比萧伯纳自己还要“幽默”万倍了。

（三）《每日新闻》——日本文的上海《每日新闻》记载得

更有趣："中国记者问：'对于中国政府的你的意见？'——'在中国，照我所知道，政府有好几个，你是指哪一个呀？'中国记者只得转为左翼，另整姿势……"这里的论调很像日本政府的外交公文。因此，萧伯纳说的"戏子"就消灭得无影无踪，萧伯纳所说的"中国民众"总算还没有变成"满洲国"的顺民！

（四）《上海日报》——日本文的《上海日报》捏造得还要"像真"，仿佛萧伯纳说过这么"一串得意的共产主义的讲解"："世界各国的反对共产主义，实在很可笑，而且不愉快的，例如阿美利加就是这样的国度。阿美利加是压制者的国家，没有什么国民的自由之类，简直和奴隶没有两样。而在中国的共产主义这东西，好像弄错了似的，掠夺东西、压迫国民的所谓共产军，那简直是土匪。"萧伯纳被《上海日报》的日本记者改造过了之后，简直是一个奸猾的日本帝国主义者阴影：他一方面恨美国，说美国是压制者的国家，甚至于要劳动他的大驾去替美国奴隶争取解放似的；别方面，又恨中国的共产军，说他们是土匪，"并非真正共产主义"，所以和中国当局同心同德，分工合作，一边在北部"剿匪"，一边在南部"剿匪"。不幸哉，萧伯纳。

（日文的《每日新闻》和《上海日报》的访员其实根本就没有见着萧伯纳，它们的记载的蓝本是《上海泰晤士报》（*The Shanghai Times*），泰晤士报的记者虽然是爱尔兰人，而这个报的本身却是日本帝国主义的机关报，这是大家知道的。现在我们把它们作为附录，放在本章的后面。）

（五）中国各报——关于被压迫民族和中国政府的问题，大半都是这样的记载：“上项问题殊难作复，不如俟余离上海后，商作答复，因在此地似乎不甚安全也。”但是，同时又发见另外一段，说是：“中国今日所需要者为良好政府，要知好政府及好官吏，绝非一般民众所欢迎。”这一句，大概就是半官报的《大陆报》的记载的“根据”了。不过究竟是谁根据谁，还是一个问题，因为后台的“戏子的把戏”，比涂着花脸的前台姿态更不容易看见了。这里要提出的只是一点：中国的普通报纸，一些资产阶级式的改良幻想家，还知道“抓到”萧伯纳的另外一句话：“中国为政，每苦言论过多，殊无实在效果。”这是半官报的《大陆报》上所没有的。殊不知道，假使“言论”过少，怎么能够在袁世凯的“爱国储金”之后，再来谎骗二千万的“救国公债”呢？

（至于其他的详详略略的地方，自然还多得很，此地不必论列。）

（六）《大晚报》——“民族主义”的而又“文艺”的《大晚报》最漂亮，索性把萧的谈话完全取消，一字不登，关于“政府”和“革命”的谈话当然首先在勾消之列。（而《大晚报》上却登了一篇“作为全上海中国报界的基调——基本腔调”的社论。关于这个“基本腔调”，请看另外一栏。）

再说一说关于李顿报告的问题罢，各报所载也是各不相同的：

（一）《字林西报》——《字林西报》上的萧伯纳说：“李顿报告是没有偏私的，而且是很能干地写出来的。”

（二）《大陆报》——《大陆报》上的萧伯纳，一个字也没有提起。

（三）《每日新闻》——日文《每日新闻》上的萧伯纳，说：“以西洋人的心理所能懂得的唯一的说明，是李顿的报告。那很是一件大工作。但在我似的无学之辈，却太长；本国政府的官吏要细看它，也太吃力。李顿卿是有能之士，那是不消说的，然而我想，再写得简洁一些，可就好了。我自己，是只看了两章，然而就是这一点，在我头里也还是太重的担子。”

（四）《上海日报》——萧伯纳在日文《上海日报》上所说的话和在《每日新闻》上一样，不过说得“简洁一些”，不“太长”罢了。

（五）中国各报——萧伯纳在中国各报上大半没有提起李顿报告，只在《申报》上说：“李顿报告书可称公平，然以篇幅过长，恐无人能全部予以熟读耳。”

（六）《大晚报》——萧伯纳在《大晚报》上根本就没有任何的谈话。

这样，单在这两个问题上，萧伯纳就做了各种政治立场的凹凸镜——日本要说中国并无中央政府，仿佛萧就说了“中国政府不止一个”；英国要说中国政府只听美国玩弄，不能尽如大英之意，于是萧说中国民众不要戏子做政府的话，就记载出来了；国民政府要说自己是很好的统治者，于是萧说的话又变了：“好的统治者在民众之中永久没有好的名声”；自由主义的幻想家要请政府少说些话多做些“改良的”实际工作，于是萧的说话里，仿佛又加了一句，居然也有些责备中国政府多讲空话难于骗人的意思。而萧对于李顿报告的批评，也是“因报而异”，简直“一气化三清”，同时当了伦敦、东京、南京三个政府的外交总长了。固然，萧自己也要负一部分的责任。

而日本报的记者最侥幸，他们完全没有见着萧，而居然“亲自”听见了萧骂红军“简直是土匪”的话。

总之，每一方面都想把萧伯纳变成凹凸镜，借他的“光”，照耀自己的“粗壮”、“圆转”，而把别人照成扁塌塌的矮子。其实，他们各自现了原形：是戏子的还是戏子，是畜生的还是畜生，是强盗的还是强盗。那有什么法子呢？

“比较翻译学”完了——这只有政治上的说明，没有文法上的解释，抱歉得很，因为这凹凸镜的文法实在太艰深，小子谨谢不敏：请问，譬如“Chinese people should organize themselves, and choose for their rulers not an actor or a feudal baron” 这么一句，怎么会一变变成了“a good ruler...in nine out of ten cases is not a good actors and does not know how to please the people”？哈哈！

最后，这篇文章还要缀上一条“小辫子”——就是新闻纸上的小标题的“科学研究”。

中国各报关于萧的记载，大概是同一样的稿子，不过有详略的不同，但是各报上各自添上了自己的小标题，于是萧的谈话上就同时缀上了各种各式的“小辫子”：

（一）萧接见记者发表警辟妙论，谓英国对华根本并无政策（申）

（二）讽刺家所发议论轻松幽默，取旁观态度博人一笑者也（时）

（三）孙夫人等前往欢迎，萧见记者颇多妙论（时事新报）

（四）世界殊途同归必实现社会主义（商报）

（五）萧对于革命理想的智识只是浮光掠影而已，但是突然停止了他的鼓吹革命（大陆）

（六）访问Adelphi贤人……没有理想！（字林）

好了。这还用得着“科学的研究”吗？各人的态度，各人的私心，往往在几个字之中流露出来——虽然古代有句成语说：“人生着舌头不是为着说出自己的心思的，而是为着掩盖自己的心思的。”

附录一：2月18日，日文《上海日报》——

在上海一时失了踪迹，给新闻记者莫名其妙的伯纳·萧翁，为宋庆龄所同伴，访问了各处的中国要人之后，至下午6时光景，在法租界莫利爱路的孙科氏邸内，落在记者团的警戒网里了。美丽的白须，颊上泛着孩子一般的粉红色，而满口嘲弄，回答着记者的质问，扬起他一流的怪气焰来。

记者："为什逃避着新闻记者的？"

萧翁："并不是逃避，因为我不看新闻，所以没有想到有新闻记者要来访问的。"于是大言道："我是和基督、苏格拉底一样伟大的呵，假使诸君知道了我的本心，就不会给我活下去。"

"关于我所说了的一切，是都保留着后来加以否定的权利的。"翁先行声明之后，就吐出关于爱尔兰问题的气焰，接着是一串得意的共产主义的讲解，道："世界各国的反对共产主义，实在是很可笑，而且不愉快的。例如阿美利加，就是这样的国度。阿美利加是压制的，没有什么国民的自由之类，简直和奴隶没有两样。在中国的共产主义这东西，好像很弄错了似的，掠夺东西，压迫国民的所谓共产军，那简直是土匪。共产主义者，并不是抛炸弹，在安全地带撒传单，被巡捕看见，给他殴打的人。真的共产主义者，是怀着一种一定的理想，由建设的方法，来改善本国的社会政治状态的。所以即使是国王之下的忠实的臣民，也尚且可以是真正的共产主义者。在中国，好像是对于我这样的社会主义者，和共产主义者以及无政府主义者的区别，还不容易弄明白似的。”

讲了一通之后，是嘲笑英国的对华政策：

“对于中国，英国是一点政策，一点知识也没有。倘要说有，那就是英国知道中国要武器和弹药。只要中国要买，中国有现钱，英国是总将这武器和弹药来卖给中国的。

“在西洋人的眼前，说明了中国的情势的唯一的东西，是李顿的报告书，很出色，很细致的，但在我似的无教育者，却太长；本国政府的官员看起来，也好像很吃力。李顿是很能干的，但再简略一些，就好。老实说，我是只看了开头的两章，就很够了。

“关于中国的事情，即使英国来说许多话，中国自己先靠不住，别人的事，不是真实的帮忙也无从办到吗？”

接着问起中日问题，则他拒绝了发言，那理由是“只要从中国安全地走出了一步去，就什么都说，但在中国的时候，这问题是要用no no来推掉的”。这使中国记者苦笑起来，“东洋人是太有了所谓‘教养’，却太缺着常识，大学毕业生太多了”。

“马克思并不是大学出身，然而是极好的组织者，实行家。”漫谈没有穷尽，这样的来饶舌，记者这面却觉得无聊，就走散了。

附录二：2月18日，日文上海《每日新闻》——

“我是全不看新闻的，不知道竟在这么苦心地寻觅我。”

“对于无论什么问题，我是总不怀定见的，怀着的只是社会主义。因为这是人到七十，当然要达到的结论。"

"其实，英国是完全不识得中国的，倘说有些识得，那就是只识得中国需要多量的武器和弹药。只要中国能付现，无论多少都卖，这就是立场呀，纵使你说些何谓中国，现状如何，但以西洋人的心理所能懂得的唯一的说明，是李顿的报告。那很是一件大工作。但在我似的无学之辈，却太长；本国政府的官吏要细看它，也太吃力，李顿卿是有能之士，那是不消说的，然而我想，再写得简洁一点，可就好了。我自己，是只看了两章，然而就是这一点，在我的头里也还是太重的担子。总之，即使在英国有着对华认识，便有非有对华政策不可的道理么？英国的立场，就如一家的主人，看见了在偷客厅里的银器的偷儿的一样。自己这里正在为难，能来赶掉别人头上的蝇子么？"

记者问："可是听说日本就要决计退出国联了。"

萧答："可是日本好像还没有发出宣战布告呵——但是，对于日华关系，却因为还未远离中国，不能够保证此身的安全，所以不能详论的，因为便是我，也觉得upper cut是痛的呀。只是倘使我说起来，则在东洋，所谓‘教养’这东西太多了，平凡的头脑却太少，大学卒业生太多呵。可怜，一跨进大学，就自动地成为呆子，不懂得成群前去了。马克思并非大学卒业生，但作为组织者，管理者，却是出色的人物。不，比什么都好的，首先是在他乃是一个有着住布尔乔亚的府邸，用不要工钱的管家妇的头脑的好共产主义者。”

这时候，中国记者问：“对于中国政府的你的意见呢？”

“在中国，照我所知道，政府有好几个，你是指哪一个呀？”

中国记者只得转为左翼，另整姿势，问道：“那么，中国有什么可以学学苏联的处所么？”

“那是‘政治的构成’那样的东西罢。革命的训练，与和巡捕打架的方法是两样的，但在俄国有革命博物馆，是聚集着先前的革命家的遗物的，一看那样的东西，就深觉得斯大林政见的革命的必要了。”

于是将谈锋转向苏联，发了一遍共产主义论之后：“上海也像香港一样，讨人厌的，——是gangs（狐群狗党）所造成的都会，我要回去了。”

此翁将同一的屁股，向了上海和记者团，走掉了。

（原载《萧伯纳在上海》）

迎萧灰鼻记

洪 深

释题

萧是英国戏剧作者萧伯纳，迎是欢迎，鼻是我的鼻子，灰是灰，灰鼻者，碰了一鼻子的灰也。

起点

萧先生是当代的一个重要作家，从他幼年时，站在十字街头当众演说，直到现在，不断地写小册子，写戏剧，批评攻击现社会的种种不善，无时无刻不在为“社会主义”作宣传，用他的生花妙笔为武器。虽然在他写“每一个妇人应知的社会主义”那部书的时候，还有些偏于空想，见解不大正确，但是自从他到了俄国一次，长进得很多，居然科学化了。在种种意义上，都有一欢迎的价值。所以我很高兴地做了中国戏剧及电影文化团体的代表，去请他吃饭演说，同时又答应替《时事新报》做一次临时访员，写一篇谈话。16日这一晚是整晚的没有睡觉。

两点钟

英国皇后是不进黄浦来的。我特别努力，想搭了小火轮到大船上去。16日的下午向昌兴轮船公司打听了四次，小火轮几时开出；四次所得到的答复，都不相同：2点钟，4点钟，4点半钟，6点钟。我一听此事有些神秘，我只得笨做，同了几位报馆朋友，两点钟就到新关码头呆等，2点而3点而4点，在4点半钟，公安局查验护照的人来了，我跟定了他们，跟到了昌兴公司。

不成行

昌兴公司的主持人说，今天至少拒绝了二百个新闻记者，因为萧老先生怕麻烦，所以一切闲杂人等，船长命令不许登舟。我想蛮干一下，我说："我上了小火轮，你未必能把我推下水去。"外国人说："我至少可以把你推上岸去。"推上岸是容易做到的，我想不必尝试了，只得将几个团体托我请客的事，写了一个小简，托公司中人带了去。这封信我相信他一定会看到的，我总算是幸不辱命了。

孙夫人

先前2点至4点之间在新关码头散步观潮的时候，发见一只海关小轮升火，预备启行，这又有点神秘。果然不久杨杏佛先生来了，不久孙夫人和她的秘书也来了。我再三和杨先生商量请他替我设个法，带我去，费了多少唇舌，结果，船开往吴淞去了，我没有去。

据说

据说萧老先生不是怕别的，是怕人家把他当作新鲜物事看，如五腿马、三脚蛇之类。我想世界各处的人，这样一睹丰采为快，的确是不过一睹丰采为快而已，没有什么了不得的意义。拒绝做小市民的欣赏物，萧先生当然是应该的，所以我们不能怪他和轮船公司立下了约，公司应当保护他，不让一切想看热闹的人麻烦他。他哪里会晓得，在中国的民众中，也有一部分人，想领受他一点指导，想听他几句公平的诚实的批评与证言，或者还能和他共鸣呢？

（原载《时报》，1933年2月18日）

关于萧伯纳

废　名

——以流泪的欢笑来献给这位大文豪啊——

在国人熟知的译成中国姓名的世界大文豪中，恐怕要算高尔基和萧伯纳两位老先生最享盛名吧。

Bernard Shaw不译成“伯讷萧”，而译作“萧伯纳”，有人以为是由于译名者百家姓读得太熟的缘故，其实这倒不如说是译名者的一番苦心，因为：第一，“萧伯纳”读起来比“伯讷萧”来得顺口，第二，这位大文豪是一个带着浓厚的中国风味的讽刺大家，除了口音与服装饮食之外，他的一言一行都不类乎机械化的欧洲人，而倒酷肖滑稽化的东方人。“萧伯纳”的译名，正是这位老先生的生活与个性接近东方风味的象征。

现在我们景仰的大文豪不远万里而来到中国了，他带来的，不是毒杀我们的鸦片枪炮，而是深沉的反抗现世黑暗的幽默情调。贫乏的我们应当用什么献给老先生呢？我想没有别的，只有环绕着他的无边的流泪的欢笑吧！

是的，萧伯纳是一位幽默的社会主义家。他为了要猜一猜社会主义的神秘之谜，曾经不顾一切访问苏联，他的亲友唯恐他给“赤色的恶魔”饿死冻死了，替他预备了大量的面包和行帐，但他拒绝了这些馈赠，终于由恐慌的洪水世界进到了另外一个新的天地。在盛大的欢迎声中，这位大文豪目击耳闻了一切，才恍然悟到无聊的诬蔑造谣是足以蔽塞世人的聪明的。于是他在回国后，他将在苏联所得的印象照实写出来了。

中国是一向在侵略的强盗们的肆意侮辱诬谤中过日子的一个可怜民族。"野蛮民族"、"未开化的国家"是一切帝国主义者加给我们的恶名。现在我们的大文豪也要不顾一切地来访问一下中国，看看中国究竟是怎样的一个民族，看看所谓"文明人"在中国干的一些什么勾当。

可惜萧伯纳先生和他的夫人来上海的时候，正是冬寒乍退的初春，如果是在万树落叶的秋天，我倒可以用一句"唐诗"来欢迎他们了：

无边落叶萧萧下，不尽长江滚滚来！（注）

注——在那深秋万树落叶无边的当儿，我们的萧先生和萧夫人，笑容可掬地下了英后轮船，踏上了中国的境地，而滚滚的长江在与欢迎者盛大的欢笑声相应和!

（原载《申报·春秋》，1933年2月18日）

有不为斋随笔

林语堂

读《萧伯纳传》偶识

王尔德善谑 赫理斯（Frank Harris）为萧伯纳生平第一知己，萧少时，落魄困顿十余年，得赫氏之提拔，于所编《星期六》报使撰剧评，萧始知名。1930年赫年已75，撰《萧伯纳传》，稿脱而逝。未死之先，嘱将此稿交萧整理付印，内多嘲萧氏语，据萧《编辑后语》云，除事实之更正外，未加改窜。去年由伦敦Victor Gollancz出版。内有赫氏所记王尔德嘲萧之语，“他一生没有仇敌，也没有一位十分要好的朋友”（“He has no enemies and none of his friends quite like him”），将萧氏性格完全绘出。萧氏《编辑后语》也引一句王尔德嘲赫之语：“赫理斯无论什么王公权贵之门，都曾被邀赴宴过——一次。”（“Frank Harris has been received in all the great houses —— once”）因赫氏生平潇洒不羁，为现代文明最彻底之叛徒，凡有宴会，出辞谈吐，辄伤英口人士所谓风雅。如与教会女执事同座，他便大谈肉体曲线，视女执事如同战后时期之伦敦舞女。倘是主人，知他脾气，使与孟浪的女子隔座，他又大讲起耶稣人格之高尚。所以“一次”，便是如此。王尔德之善谑，由此可见。

赫理斯论作文要诀 赫理斯文字极优美，少游德，肄业于海德堡（见他的《性史》*My Life and Loves*），学得一口极畅晓德文，到英国时投身报界，自觉行文执笔，每带德文腔调，乃立誓五年不看德文书籍，斯威夫特（Swift 即《小人国》《大人国》作者，号称英国散文第一大家）及《圣经》不离案上。萧传中，赫氏自云，“我费了几年精神学会德文，又费了加倍的时间摒绝德语，冀能遗忘。凡作家决不可梦想精通多种现代文字”。（It took me years to learn German and twice as long to cleanse my brain of that tongue. No writer should ever try to master many living languages.）此语甚确，中国人学英文，而写作不露痕迹者，可以屈指计算。作论文犹容易，作小说而能达此境地者，尚未之见。陈友仁以一口英语见称于世，其故乃陈氏不懂华语，华语中之意象成语句法语调，自然无从掺入。但据英国记者连森氏在*The Chinese Puzzle*书中批评起来，陈氏英文仍有破绽，即较英人比较好用拉丁字源的长语。此为华人作英文者之通病。陈氏服膺Morley、Froude等史论家，特好用historic、secular、redeem、process等字，高雅有余，清淡不足。然作英文贵清淡自然，非多带口语不可。

作外国文之难 关于以上，尚有数事可为例证。丹麦叶斯柏森（Otto Jesperson）为当代第一流语言学家，尤精英语，著作等身，可谓毕生钻研英语之人，其论英文古今文法，英人莫不折服。但是叶氏每用英文撰著，必请英友摩尔斯密司教授代为修正，始敢发表。作外国文之难，于此可见。王尔德以法文著《沙乐美》，然《沙乐美》之文，多叙风花雪月，与六朝文相似，作六朝文易，作三代古文难，堆砌腴词易，作平淡语难，外人或可学作四六，但决不能写一部《水浒》。康烈（Joseph Conrad）以波兰人写英文航海小说，丝毫不露破绽，世称奇事。但是康烈航海多年，与英国水手晨昏交头接耳，故能有此成就。

不朽之新法 萧传中言：萧氏自知著作虽然等身，满篇语花语妙，但身后万世，能否不朽，尚难预卜。因请罗丹代造一半身石像，自谓千余年后萧书不传，罗丹之杰作必传。此求不朽之一妙法也。（原注：此法非由萧氏发明。中国人作诗，请名人作序，父母病殁，请名人作行状，以冀该序该行状将来刊入名人集中，与文并传后世，其用意

与萧氏相似）

文人与洗服匠 萧氏一生，最忌文人互相标榜之恶习惯，任何文人会社，不肯加入（提倡社会主义者除外）。此种互相标榜，萧氏谑拟为并开洗衣店，交换洗衣，你洗我的，我洗你的，说来似较风雅，实则与自洗相同。

萧伯纳一人三父 萧氏自谑，谓有三位父亲；这三位，就是生他的父，给养他的母舅，及与他的母亲同居的音乐家。又谓因此，他的戏剧《错团缘》（*Misalliance*）中始有三个父亲的人（"the man with three fathers"）。他的生父对他的恩德，起于送他出世，而亦止于送他出世。据萧自述，他的父亲，"甚易相处——在清醒的时候"。唯有一滑稽性，好喝自己坍台，萧氏之幽默，可说是他所遗传。萧氏有一位伯（叔）父，也好饮酒。"有一天忽然立志，同时戒酒戒烟，吃得不消，乃拼命吹喇叭解嘲。及至喇叭仍然不能解闷，便娶老婆，后来娶老婆，也不能得到所意想的个中乐趣，乃决意买一部《圣经》及一副望远镜。《圣经》读厌时，便拿起望远镜，窥眺达尔其沙滩上澡浴的女人。这位'戒酒'先生后来自尽。"赫氏全书之文诙谐多类此。

萧伯纳与秘书布兰吉·帕奇

吃荤吃素与女人 萧伯纳吃素，赫理斯吃荤，各相持不让，书中赫氏每以此谑萧。据赫氏意，萧氏剧中描写女人之失败，都由于吃素所致，虽然，赫氏承认萧氏并非全无性欲。他说萧氏为剧评记者时与坤角往来，但是“他生理上拜倒裙下者极少数——也许不到半打——所以可说是第一男子，曾在戏院里打滚，而能留下处女载道者”。他说因此萧氏书中的女人都是没有血肉的，只有形骸，没有“神秘、温柔、仙骨、风韵、魔力”。她们只会开口大谈“生机”哲学，却不会哭、啼、笑、吻，忽詈骂，忽言好，忽亲热，忽矜持。因此他的女人写来都不能神气活现。萧氏描写妇人最成功者，赫氏认为是肯利拉（Candida）。肯利拉，赫氏认为不但是萧氏著作中最成熟之作品，并且认为她是英国文学中人物最成功者之一。

关于吃荤，赫氏有这么一段生动的描写：有一回萧伯纳做一篇文章讲莎士比亚。莎士比亚原是赫氏专行（著有专书，成一家言），便写信问他：“你不懂得莎士比亚是谁，为什么要讲到他？”萧伯纳回信说：“雷公为誓，谁敢说我不懂莎士比亚？我比天下任何人还懂得不朽的威廉，云云。”赫氏回书说：“请你那一天到露依亚咖啡馆吃中饭。你尽管有野草凉水可以慰你魂灵的渴望，而我也可证明你对于莎士比亚丝毫不曾懂得。”

“他来了。我叫一个大牛排，一块可观的牛酪，及两三种酒。其时佛特立在座，也同我一样。萧只有一个铜子的面，及一点矿水。他先吃完，坐着看我们，好像老吏看囚犯，身旁便是定死刑者应戴的黑帽。我心里还想要一块大牛排。佛特立也有此意。但是萧氏那副脸孔把我们吓住了。我便与佛扯扯拉拉，我要叫他先开口，他也等我先开口。（我们几乎吵架起来。）记不清谁先屈服。无论是谁，大概是这样讲的，‘如果你要再来一碟，我可奉陪’。我仅记得我们两人都再来一大牛排，而那眈眈虎视老吏的手似乎渐近那顶黑帽了。”

后来萧氏与他争辩，他不肯屈服，于是再斟酒，再来一大牛排。“若非当时佛好意把牛排抢去了一半，今天我也不在此地了。自从那顿中餐之后，我一个人已非昔比了。”

“过几天，报载佛特立死了。”

萧伯纳之谨愿 萧伯纳为文大放厥词，而处世接物，却是十分谨愿，未能免俗。著书之前赫氏寄书与萧，谓将为之著传，萧大慌张起来。初则力劝搁笔，后来赫坚执不从，已经动手，萧乃不得已改变态度，顺水推船，供给生平事实。书成时，赫将萧原函一一发表，示其矛盾，与萧开玩笑。萧氏所以慌张，因为萧氏是英国所谓绅士（gentleman），极守礼俗，而赫则反是。初赫著《王尔德传》（此书Heywood Broun 称为最读得下去的名传之一）自然牵涉不少性欲事项，及（似是1928年？）自著《性史》，将个人浪漫猥亵之事和盘托出，文既巧妙，又无忌惮，甚至性交情景，叙述得历历如画，真是开千古以来未有之先例。书出后，名大杀，虽享文名，报章再也不敢发表他的作品。（萧夫人因女仆看见这本《性史》，把它烧毁，因是赫极看不起萧夫人，书中多不敬语。）萧氏一听此位作者，要写起他的传，自然慌张起来，后来编书时，萧前后辩证，忸怩作态，读来如看一副戴高帽挂白领结的英国士人的活相。因萧虽然为文放诞，而其发论，多本常理，所谓“滑稽之中有至理”，并非一味荒唐无稽者所可比。萧之幽默，在于洞达世情看穿世故，就其矛盾，发为诙谐，人以其别具只眼，视为新奇，一读捧腹。故萧氏最特色处在他的庸见（common sense），赫氏评萧为“浑身庸见”最为得当。以庸见，而发为庸谨之行，不足奇也。

萧伯纳论君子小人之分 萧氏滑稽之中有至理，可以其论君子小人之分为证。萧氏说：小孩生下来，他的吃、穿、享用，都是由社会赊账。所以小孩长大，自然欠一笔账。在社会主义的国家，自然要开一张账单给他。小孩既长成工人，就得挣得一笔基金，一面还他幼年的账，一面留为日后告退养老之费。如果成年人在世所做工作，只能付账，他便是一位小人（common fellow），如果他能超过这个标准，还账之外，尚有建树造益于人世，他便是一位君子（gentleman）。

再谈萧伯纳

萧伯纳的传记 最近有两本萧伯纳的传记出版，一本是亨德生（Archbald Henderson）所作。亨德生是萧伯纳所称为19世纪后没人知道的美国北加罗来那省大学的一位教授；该大学幸亏有一位研究萧伯纳的亨德生，也许借此可扬名于后世。

亨德生是萧氏的老友，这本书是特得萧的许可而作的，是唯一经授权（Authorized）的萧传。全书八百余页，萧之一生著作、思想、行述、家世，及关于他的笑谈轶事都搜罗收入了。但是我到底喜欢赫理斯（Frank Harris）所作的传，而不喜欢亨传。理由很简单，赫理斯是个文人，天才作家，而亨德生却是规规矩矩的编撰人而已。所以赫理斯的文，读来津津有味，有骨气，有风味，有谐谑，有深思，有警语，有观感，而亨传却只会作发而皆中节的滥调，说不偏不倚的公道话而已；比之通常评传固无愧，比之赫传就多逊色了。而且赫传篇幅只亨传的一半，读来反而觉得极亲切逼真的萧伯纳印象。

赫传胜于亨传还有一层理由，就是两位作传的人对书中主人翁态度之不同。亨德生虽然也保持"学者面具"，主持公道，批评萧伯纳，但是到底他是萧伯纳的崇拜者；萧伯纳在赫传的跋中称亨传为巨著"Monumental biography"，尤其使我们怀疑。因为学者虽然也是忠实，到底不大肯说由衷之言。赫理斯只是文学界的叛徒，他虽不标榜公道，写出来的却字字是心声。他不是萧的崇拜者，他是萧的畏友，要挖苦就挖苦，要嘲弄就嘲弄，所以他画来的一幅神像，反而逼肖。我主张凡读书人，要研究任何学术上的题目，必先从反对批评的书看起，再看正面的书——研究蒋介石的人，应先看看改组派前几年的文章，再看一年来改组派的文章。如此思想才不会冬烘。

萧伯纳的法螺 赫传态度之长处，可由以下数段证明。赫理斯挖苦萧伯纳，说萧一面表示痛恨美国，一面却全盘抄袭美国的广告法。

“伯纳萧最初的宣传也不过是通常的方法。从头他就喊着，‘给我大车与喇叭’，现在大车与喇叭不通行了，他又喊着‘给我无线电与银幕’。在他少时与人辩论时，他懂得附庸风雅，使大家心目中将他与某名人之名联络起来。我记得一次在他与海恩门辩论时，他站起来说，‘马克思主义已经像死羊肉了。杀死他的是我萧伯纳。’”

于是赫理斯便有以下一段挖苦的妙文：“他（萧）最先认识有声电影的宣传用途……在这一点，他一生演讲的训练，使他极占便宜。他模拟墨索里尼（译注：这电影我亲眼看过），甚至模拟萧伯纳自身，从此可证明他是极伟大的表演家，就是假冒的极端；然而似乎在他中年作戏剧时所摇旗呐喊反抗的就是假冒。他甚至能批评他扮演手段的高下，而从有声电影看见他年已将老了，嘴势也已渐不像样了。从此他便改用无线电，这无线电可将他的声音远播全球而不引起他个人曲线美的问题。

读过《英雄与美人》（*Caesar and Cleopatra*）一剧的序言的人，都记得萧伯纳曾提出一问题：Better then Shakespeare？（萧伯纳是否比莎士比亚好？）在1896年，萧氏写一篇莎士比亚的剧评（那时伦敦Lyceum剧院正在扮演Cymbiline），他说："除了荷马以外，古来没有一个有名的作家，连司各脱在内，像莎士比亚被我这样看不起，当我以自己的头脑与他的头脑比较一下之时，我对于他不耐烦的程度，有时使我觉得不如爽性挖起他的尸身对他投石，因为我明白知道莎士比亚及崇拜他的一班人所能懂得的，只有这一类的看得的侮辱。"

但是记得萧伯纳又在那里说过，"他是世界上最没有得充分登广告的人"。这便是萧氏法螺之一斑。

萧伯纳论耶稣　据萧伯纳言（《安得罗克利思与狮子·序言》），耶稣是革命的理想家，是共产公妻论之始祖。亨传说据萧的意见，世界愈进步，愈证明耶稣道理之伟大。据萧氏的解释，耶稣的教训，概要有四条，第二条是：

“废除产业，并入公家。你的工作应全脱离酬劳关系。如果你让一小孩挨饿，便是让上帝挨饿。撇开一切关于明天衣食的计虑，因你不能服事两个主人：上帝与财神。”

第四条是：

“废除你家庭的牵累。凡天下的母亲都像是生你的母亲。天下的人都像是与你同胞的兄弟。不要为丧事费你的光阴：注意生，不要注意死：海里的鱼跟滩上的鱼一样好，并且更好。天国是在你的内心，而在天国里，是没有嫁娶的，因为你一生不能服侍两个主人：上帝及你所嫁或娶的人。”

但是对于耶稣个人做基督，自称上帝之子，能复活升天等传说，萧伯纳是绝对排斥的。尤所奇的，就是他不相信耶稣的性格是温良的。慈爱的、人道的、悲壮的、哲学的，都可以说，但不能说他是温良。萧氏说：

“称耶稣为温良，谦虚而柔弱，这是卑鄙的近代的假托，在《福音书》中，毫无根据。”

其实东西伟人的人格，都被小人误认。就是我们的孔子何尝是温良恭俭让？貌似阳虎，何尝温？一方堕费，一方欲往见以费叛的公山弗扰，又骗蒲人不适卫而出围，出围后适卫而主张伐蒲，何尝良？不见孺悲便罢，又必取瑟而歌，与人难堪，何尝恭？狐貉之厚以后，什么也不食，何尝俭？不肯卖车葬颜回，何尝让？所以我们只好学孟子说："然而无有乎尔，则亦无有乎尔。"我们若肯不戴眼镜去重读《论语》，孔子的人格自会活跃纸上。

幽默秘诀 萧伯纳有一次说："我的方法，请注意，是用最大的苦心去寻求应当说的话，然后用最放肆的语气说出来。其实呢，真正的笑话，就是我并非说笑话。"（My method, you will notice, is to take the utmost trouble to find the right thing to say, and then say it with the utmost levity. And all the time, the real joke is that I am in earnest.）

萧之自述 萧伯纳曾经作以下一段的文批评自己，语颇中肯："他很容易与人亲热……所有萧伯纳的朋友，都说他是好虚荣的可笑。萧是一个不可救药而永不停止的扮演员，在社交上如在他本行上，施用他的伎俩……他写信封时，把字写在左边的上方，留一空白，做邮差拇指拿信的地位……他不用apostrophe（撇号）及引用号，说这些符号有碍观瞻……他喜欢研究发音学与速记术……他喜欢机器如小孩欢喜玩具一样，曾经一次，无端无由地买一架商店所用的收银记账机……在伦敦时，他每天早餐之前，在皇家汽车协会的游泳池游泳，冬夏不变……萧实在不是好社交的人……他没正经事不出门……不探朋友……他谈锋尖利，为人所怕……他有水银式的机智，能即刻正视应付无可逃避的环……他行文时，无论谈什么题目，总是神出鬼没，难于预料。”

萧伯纳论金钱　萧伯纳之幽默，在于认清现实，一般人的信仰，总是受俗见所囿、传统所蔽，很少人肯用脑力去认清事实的，所以有人肯“用最大的苦心，去寻求应当说的话，然后用最放肆的语气说出来”，自然如撇开云雾，重见青天，令人读来心旷神怡，而成其所谓幽默。

这一种的幽默，是根据一种见解的，与荒唐语不同，由以下论金钱一段，可以证明。萧在*Major Barbara*的序言，有一段话说：

世人普遍的爱钱，是我们文化唯一的吉兆，是我们社会良心唯一健全的地方。金钱是世上最重要的东西，财富代表健康、体力、信义、慷慨、美丽，犹如贫乏代表疾病、懦弱、耻辱、卑鄙、丑陋，这是如日月经天无可讳言的事实。还有最大的长处，就是金钱能使卑下的人身败名裂，而使高尚的人胆壮心雄。只有一部分的人求之不得，一部分人任意挥霍之时，金钱才是一种祸害。换言之，只有在不合理的社会情形中，人生就是一种祸害之时，金钱才是一种祸害，因为金钱就是生活，犹如钞票就是生活，犹如钞票就是金钱；这两样是不能分离的，金钱是在社会上分配生活用的货币。公民第一义务就是要求可以容易拿得到钱。但是在给四个人每人3先令做10时或12时劳工的酬劳，而给一个不工作的人1 000金镑时，这种要求是不能达到的。国民最需要者，不是改良风俗、较便宜的面包、俭约、自由、学术文化、救济妓女、勉励青年，也不是三位一体的恩惠、慈爱与结连；国民所最需要者是金钱。我们所应攻击者，不是罪恶、痛苦、贪污、神父、君主、民主、垄断、愚昧、美酒、

战争、灾疫，也不是那些社会改良家牺牲的东西；我们所应攻击的是贫乏。

（原载《自由谈》，1933年2月18至20日）

介绍萧伯纳

郁达夫

萧伯纳的名字叫作George Bernard Shaw，简作G. B. S.和史蒂文森的R. L. S.三个头字一样的为大家所知道。一千八百五十六年，生于南爱尔兰之都柏林（Dublin）市，1876年随母至伦敦。是一位很漂亮的杂文记者，不守旧例不循规矩的批评家。后为费边协会会员，成了非正统的社会主义者。先写小说，最著名的为《开舍尔·贝伦》及《艺术家间之爱》与《非社会的社会主义者》等。初受美国亨利·乔其的学说影响，后转入于马克思主义。以戏剧为他的宣传武器，作成剧本至数十种之多。最著名的，有《武器与人》《人及超人》《华伦夫人的职业》《圣爵安》，等等。散文集之有名的，为戏剧论集、伊孛生主义、乐圣华格皋等的宣述，以及为有产阶级男女说社会主义的著作等等。

平生爱听音乐，爱看戏剧，爱说死话。连对他自己的父亲的批评，都喜欢以死话出之。他说："我的父亲是一个无能的，不成功的人，在主义上他是一位热烈的禁酒主义者，但在实际上却是常在偷偷喝酒的醉汉。"又最爱和人抬杠子打叉，譬如当一位德国犹太人马克思·诺尔道（Max Nordau）在摆起新人的面孔，大说近代艺术的堕落的时候，他老就会一反素来的习惯，出来说最守旧的妙语。到了他古稀的诞辰，英国各报，当然都登他的照相，争呈颂誉，他老人家却忿忿地说："我早晨起来，一见了这许多报上的我自己的照相，倒以为我是死了。"

"在英文里有一个新字，叫作Shavan，后面加上一个ism或ist上去，就是属于这的主义及主义者。字典上去翻翻，或者会翻不到，怕要译作剃头主义或整容主义者，但其实却是指萧老的崇拜及模仿者而言，犹左拉之于Zolaism也。关于萧的评传之类，英美出得很多，似以Frank Harris和Archbold Henderson的两本为最好。

我们对于萧的希望，就想他能以幽默的口吻去向世界各国说出我们政府对于日本帝国主义来侵后的幽默，与国联对于此事的幽默，另外倒也没有什么。

（原载《自由谈》，1933年2月19日）

关于萧伯纳

玄

萧伯纳在 *Quintessence of Ibsenism* 一文中论易卜生道：人们盲目地坚持着一些不正确的观念（关于宗教的、政治的、两性关系的），并且让这些观念左右他们的行动，虽则他们心里不愿；而易卜生的讽刺就是针对了此种矛盾状态。

我们以为萧伯纳也就和易卜生相像。萧的重要著作都是揭发人们传统观念的错误（而这些错误的观念又是统治者用种种手段来维持的），可萧比易卜生更深刻。例如对于传统的错误的“义务”观念，萧说道：文明人常用义务这一名词来掩饰他的行为的真正面目。在*The Man of Destiny*一剧中，萧借了拿破仑的嘴说：“英国人做事总要说出一番大道理来。他心里要什么东西了，嘴里决不肯说他要……当他要替曼彻斯特的工业制造品找一个新市场的时候，他先派些牧师出去宣传和平的福音。然而土人们伤害了牧师了，于是英国人立刻跳起来拿枪保护基督教；为基督教而战争，而征略，而且谢谢天赐，占领了那新市场。”在*Candida*和 *Widower's Houses*等剧中，萧嘲笑那些嘴上挂着“尽义务”的招牌，而无往不想自私自利的伪善者，真是一字一鞭。

在以拿破仑为主角的*The Man of Destiny*一剧，以罗马大将恺撒为主角的*Caesar and Cleopatra*一剧中，萧嘲笑着世人的“英雄崇拜”。在萧的笔下，“英雄”这东西是非常蠢笨的自私自利者。

同时这两篇历史剧又是“非战的”。可是萧的“非战”剧本还当以*Arms and the Man*及*Major Barbara*为最主要。前者揭发帝国主义国家的兵士对于战争的心理，“这是怕死，所以厮杀！”后者揭发不但大炮机关枪鱼雷等等是杀人的利器，而“爱国”“宗教”“公道”“义务”等等好听的名词，也是杀人的利器。

许多人认为*Man and Superman*一剧中间有萧的“哲学”，故其价值，乃在其他诸剧之上。诚然，*Man and Superman*除嘲笑世人的恋爱观而外，又提出了“哲学”——我们人不过是一种实验品，是介于兽和超人之间的一个环，而恋爱呢，则为大自然达到目的（到超人）的一种手段罢了。恋爱是一种伟大的“宇宙力”（Cosmic Force）。萧在*Man and Superman*的前面写了数万言的长序，以说明他这哲学。喜欢拿恋爱来当作“哲学”研究的人们很可以读那剧本和那长序，但是也不要太高兴。因为你若把*Man and Superman*读了两遍，你又要觉到萧老先生或者在那里嘲笑那些“恋爱哲学家”。

从五四以来，我们文坛上常常提到萧的大名。萧的著作，也很有几本译成中文了。然而对于萧的研究，还是很少。趁现在这当儿，如果认真把萧来研究，未始不是一件好事罢？

（原载《自由谈》，1933年2月19日）

绅士阶级的蜜蜂

许 杰

萧伯纳是英国绅士社会的一只蜜蜂，他有刺，他也会酿蜜；不过，他所酿的蜜，却是甜中带酸的。

英国的绅士是不止一个的；因此，当这个蜜蜂无情地去叮一绅士时，另外的绅士们，以为这并没有叮到他们，于是乎，他们笑了；同时，被他人笑为被蜜蜂叮了的绅士，也发现那几位笑他的绅士被这讨厌的蜜蜂叮了一口了，于是他也笑了。

但英国的社会，除了一大批的绅士以外，还有许许多多的人们，是没有被列入绅士之林的资格的。在他们的眼中看来，这一批绅士们，好像都患有洁癖一样，礼服穿得笔挺的，领口、袖口、胸口，都是烫得笔挺的白色的硬领，白色的袖口，白色的衬衫。有一点肮脏的东西，他们连竖起两个指头去撮一撮都不高兴的。这是何等看不过去的事！现在，他们却亲眼看见，这一个蜜蜂，嗡嗡地钻入绅士们的领口、袖口，以及胸口里去放刺，使得这一批绅士们没有办法，使得他们演了许多引人发笑的怪剧；于是乎，这一批非绅士阶级的人们，也看得笑了。

这大概便是萧伯纳之所以为萧伯纳吧。

（原载《自由谈》，1933年2月19日）

回去告诉你妈妈

阳　秋

萧伯纳在香港时，对路透访员说："中国报界中人何以无一访余者，彼等其幼稚至于未识余乎？"这两句话真热辣辣地很有点令我们难受！可是，我们的萧先生也许忘记了他前年在苏联时一个小姑娘所给予他的教训罢。故事是这样的：

萧伯纳前年在苏联时，有一天，同着一个叫作×××的小姑娘玩了很久，分别的时候，萧对她说：“你回去告诉你妈妈，今天同你玩的就是世界有名的George Bernard Shaw。”可是，这位小姑姑毕竟是太“幼稚”了，她竟不识萧为何许人，立刻毫不迟疑地仿照萧的口气对萧说：“你也回去告诉你妈妈，说今天同你玩的就是×××姑娘！”

萧这故事还没曾忘记罢！

（原载《自由谈》，1933年2月19日）

“无文化无组织”的民族出路

朴

英国在今日有两位闻名全球的学者，一位就是轰动一时前夜方离沪的77岁老翁萧伯纳氏；另一位就是12年前曾来华讲过学的哲学家罗素先生。我们知道他俩均以观察深刻名于世，罗素氏于游华后曾发表多类关于揄扬中国古代文化的文字，辑有专册，销路颇广。可惜此次这位萧老头儿到中国的时间太短，而经过的地方，又大都为香港、上海（连上海的南北市区及乡间农村都没有看到）等欧化的所在，于是有人以为很难希望他能给我们什么深刻的批评：但是有两点是他老人家不要经过观察而早已预闻的——现在更身临其地，尤其是看到香港，上海的一班文人学者以及路上熙熙攘攘的商贩、苦力所表现的。第一点就是中国目前"苦无文化之可言"，据昨日本报记者所发表的萧氏谈话中有这样几句批评中国的话："按文化一义，如照科学解释，即为凡一切人类行为之可以增进人类幸福者，尤其是对于大自然之控制，在中国除田乡间尚可寻求其少许文化外，此外殊无文化之可言。中国今日乃向西欧取许多已经失其效用贻害大众之所谓'文化'，如议会制度，教育方法等等，有何益处。"我们对于这种批评要进一步说明的就是萧氏之所谓"中国无文化之可言"应作为"中国之旧文化日就湮没，而新文化尚未兴起"的意思来解释，就没有语病了。因为萧氏并未见中国农村的真面目，他没有尝到一点儿中国文化的味道，他所批评的，仅为他的一种智慧的想象罢了。但是他这种想象的批评，与他的朋友罗素所揄扬的出发点，并不冲突，因为罗氏遍游内地，对于吾国农村风俗，内地习尚，均有相当的考察与探讨，他所分析的对象，就是以萧氏所想象的“田乡间”为根据的。不过现在时隔十数年，我们国家的景况，可说是一年坏一年，而农村经济的崩溃，是尤为显著的事实，这也许是罗素先生所不及料的了。

第二点，萧氏所知道的，就是中国民众的无组织，因此他对香港学生的劝勉，是叫他们要有组织有计划地去革命，日前他在上海的言论中，亦以此义为发挥的重心。

我们总观昨日萧氏所发表的意见，在表面上对于这无文化无组织的民族出路问题，似乎没有什么特别的建议，但实际上固已给我们一个很明显而具体的暗示了。他说中国搬取已经失去效用贻害大众的西欧文化，那就是说中国要谋民族的出路，应根据自己“田乡间少许可寻的文化”重新发扬光大！本着科学的文化定义，共向增进人类幸福的大道努力前进，他说改造现状的革命方法，是要有组织有计划的奋斗，方有成效。

我们看到目前这种国破家亡，民不聊生的景象，我们若不愿做“待亡人”而仍有自救决心的，则对于这过路的老朋友所给我们的暗示，就应当表示诚意的接受，一致向着这“创造新的文化”，“组织起来自救”的两条大道猛进。在这生死存亡的关头，可没有我们犹豫和观望的时候了。

（原载《申报·业余周刊》，1933年2月20日）

说真话

张梦麟

人家都知萧伯纳是丑角，说他善于说笑话。萧伯纳说“我说的是真话，世间最大的笑话，便是说真话”。

说真话！——这便是萧老先生50年来大声疾呼的口号。他的论文，他的小说，他的剧作，都是以这个使命为中心。几十年来，他不惮烦地把那些说假话来遮盖自己的行动的英雄，说假话的中产阶级，说假话的普罗列达里亚，说假话的女人，说假话的政府等等指给我们看。把他们言行不一致的滑稽暴露出来，叫我们看着这便是近代文明。

愈是自私自利的人，愈是说得出正大堂皇的理由。愈是贪赃枉法的官吏，愈是会说保障人权；愈是会享乐的摩登男女，愈是说得出跳舞救国，等等等等。于是我们就常在报章上看见许多言论，劝这些人照着所说的话去做。萧伯纳说，这便是理想主义者——不敢直面现实的理想主义者。言行不一致的人，是因为他不敢直面所行的真实理由，所以想了一个假的、正大堂皇的理由来代替。同样，这些劝他们照着所说去做的人，也是在遮掩现实，理想地以为人类果能如所说的那样高尚地去行动。现实主义者，就知道全不是这回事。人们还在进化过程中，还不能完全，这些嘴上所说的高尚道德，还谈不到。所以人类的自私自利，贪婪享乐，当然是意中事。可是我们如果能直面这个现实，还可以想出改善的办法，人还是不断地向前进化的。所以萧伯纳的主张，便是人怎样行动都行，照着你的本能去做，可是不要做的是一样，想的又是一样！——说真话——他要求我们的，不是要我们行如我们的言，是要我们言如我们的行。这一点，萧伯纳又把我们的因袭思想，给颠倒过来了。他常常玩这个把戏。

那么，照萧伯纳的主张，岂不是善恶都不分了吗？萧老先生，就在Major Barbara中回答这个理想主义者的问题。“善恶！你以为你活了十多岁，起码可以辨别善恶吗？哼！什么是善，什么是恶，自孔子苏格拉底以来，几千年中，绞了无数上智者的脑血，还在争论不出一个结果呢。你以为你就懂了吗？”

所以，人们只有照着本能所命地做去。直面你为什么这样做的动机。到了你本能地觉得这种行为不对的时候，你就会想法子改了。假使你只会用口实来遮盖着这现实的话，你一世也改不了，便是你一世也进化不成再高等的动物。那么，就有比你更高等的动物（萧老先生所谓超人）出现了，拿你对待猴子的手段，来对待你了。

萧伯纳说人类是现在最高等的动物不错。可是生物的进化，并不是到人类即止，因而人类非保存不可，并没有理由。你对待其他下等动物的手段，为什么比你更高的动物，不能拿来对待你呢？

据说一两年前曾有一位大杂志的编辑先生，不远千里，跑来问老先生一个问题，在他以为这个问题的萧伯纳式回答，一定使世人感觉很大的兴味。他的问题是在萧伯纳的意中，现代谁是最宝贵的，是文化、进步最不可缺的人。他问："假使人类突然遭了全灭的命运，而你老先生，就如《创世记》中所载的Noah（编者注：Noah：中文为"诺亚"。《圣经》中的人物）一样，可以有力，留一点人种，那么你留哪一个人呢？"

萧老先生带着谜似的微笑答道：

"我一个也不留。"

萧伯纳对于现代人类非常悲观，可是对于生物进化，抱有极大的希望。

现在他到中国来了，不幸而正当帝国主义的日本侵略我们的时候，这个使我们想起他在欧战时的态度来，在那个时候，英国有人说他，"协约国一面和德国打仗，一面和萧伯纳打仗"。全英国人民都在痛诋德国人的时候，他却出人意外，大骂起英国政府来。若是在中国的话，早被枪决了。

当时他的态度，可以在戏曲《伤心之家》中看出。战争是近代文明的结果。受近代文明影响的，不只是这一国，而没有那一国，不只是这一阶级，而没有那一阶级，近代文明所堕落的，是全人类。所以德国人固然该骂，英国人更该骂。全英国人民在骂别人的时候就忘记了自己，因此，萧老先生只好出来说真话了。

第二次大战又要展开了。也许萧老先生还要说一次真话！

（原载《自由谈》，1933年2月20日）

看萧和“看萧的人们”记

鲁　迅

我是喜欢萧的。这并不是因为看了他的作品或传记，佩服得喜欢起来，仅仅是在什么地方见过一点警句，从什么人听说他往往撕掉绅士们的假面，这就喜欢了他了。还有一层，是因为中国也常有模仿西洋绅士的人物的，而他们却大抵不喜欢萧。被我自己所讨厌的人们所讨厌的人，我有时会觉得他就是好人物。

现在，这萧就要到中国来，但特地搜寻着去看一看的意思倒也并没有。

16日的午后，内山完造君将改造社的电报给我看，说是去见一见萧怎么样。我就决定说，有这样地要我去见一见，那就见一见罢。

17日的早晨，萧该已在上海登陆了，但谁也不知道他躲着的处所。这样地过了好半天，好像到底不会看见似的。到了午后，得到蔡先生的信，说萧现就在孙夫人的家里吃午饭，教我赶紧去。

我就跑到孙夫人的家里去。一走进客厅隔壁的一间小小的屋子里，萧就坐在圆桌的上首，和别的五个人在吃饭。因为早就在什么地方见过照相，听说是世界的名人的，所以便电光一般觉得是文豪，而其实是什么标记也没有。但是，雪白的须发，健康的血色，和气的面貌，我想，倘若作为肖像画的模范，倒是很出色的。

午餐像是吃了一半了。是素菜，又简单。白俄的新闻上，曾经猜有无数的侍者，但只有一个厨子在搬菜。

萧吃得并不多，但也许开始的时候，已经很吃了一通了也难说。到中途，他用起筷子来了，很不顺手，总是夹不住。然而令人佩服的是他竟逐渐巧妙，终于紧紧的夹住了一块什么东西，于是得意的遍看着大家的脸，可是谁也没有看见这成功。

在吃饭时候的萧，我毫不觉得他是讽刺家。谈话也平平常常。例如说：朋友最好，可以久远的往还，父母和兄弟都不是自己自由选择的，所以非离开不可之类。

午餐一完，照了三张相。并排一站，我就觉得自己的矮小了。虽然心里想，假如再年轻三十年，我得来做伸长身体的体操……

两点光景，笔会（Pen Club）有欢迎。也乘了摩托车一同去看时，原来是在叫做“世界学院”的大洋房里。走到楼上，早有为文艺的文艺家，民族主义文学家，交际明星，伶界大王，等等，大约五十个人在那里了。合起围来，向他质问各色各样的事，好像翻检《大英百科全书》似的。

萧也演说了几句：诸君也是文士，所以这玩艺儿是全都知道的。至于扮演者，则因为是实行的，所以比起自己似的只是写写的人来，还要更明白。此外还有什么可说的呢。总之，今天就如看看动物园里的动物一样，现在已经看见了，这就可以了罢。云云。

大家都哄笑了，大约又以为这是讽刺。

也还有一点梅兰芳博士和别的名人的问答，但在这里，略之。此后是将赠品送给萧的仪式。这是由有着美男子之誉的邵洵美君拿上去的，是泥土做的戏子的脸谱的小模型，收在一个盒子里。还有一种，听说是演戏用的衣裳，但因为是用纸包好了的，所以没有见。萧很高兴的接受了。据张若谷君后来发表出来的文章，则萧还问了几句话，张君也刺了他一下，可惜萧不听见云。但是，我实在也没有听见。

有人问他菜食主义的理由。这时很有了几个来照照相的人，我想，我这烟卷的烟是不行的，便走到外面的屋子去了。

还有面会新闻记者的约束，三点光景便又回到孙夫人的家里来。早有四五十个人在等候了，但放进的却只有一半。首先是木村毅君和四五个文士，新闻记者是中国的六人，英国的一人，白俄一人，此外还有照相师三四个。

在后园的草地上，以萧为中心，记者们排成半圆阵，替代着世界的周游，开了记者的嘴脸展览会。萧又遇到了各色各样的质问，好像翻检《大英百科全书》似的。

萧似乎并不想多话。但不说，记者们是决不干休的，于是终于说起来了，说得一多，这回是记者那面的笔记的分量，就渐渐的减少了下去。

我想，萧并不是真的讽刺家，因为他就会说得那么多。

试验是大约4点半钟完结的。萧好像已经很疲倦，我就和木村君都回到内山书店里去了。

第二天的新闻，却比萧的话还要出色得远远。在同一的时候，同一的地方，听着同一的话，写了出来的记事，却是各不相同的。似乎英文的解释，也会由于听者的耳朵，而变换花样。例如，关于中国的政府罢，英字新闻的萧，说的是中国人应该挑选自己们所佩服的人，作为统治者；日本字新闻的萧，说的是中国政府有好几个；汉字新闻的萧，说的是凡是好政府，总不会得人民的欢心的。

从这一点看起来，萧就并不是讽刺家，而是一面镜。

但是，在新闻上的对于萧的评论，大体是坏的。人们是各各去听自己所喜欢的，有益的讽刺去的，而同时也给听了自己所讨厌的，有损的讽刺。于是就各各用了讽刺来讽刺道，萧不过是一个讽刺家而已。

在讽刺竞赛这一点上，我以为还是萧这一面伟大。

我对于萧，什么都没有问；萧对于我，也什么都没有问。不料木村君却要我写一篇萧的印象记。别人做的印象记，我是常看的，写得仿佛一见便窥见了那人的真心一般，我实在佩服其观察之锐敏。至于自己，却连相书也没有翻阅过，所以即使遇见了名人罢，倘要我滔滔的来说印象，可就穷矣了。

但是，因为是特地从东京到上海来要我写的，我就只得寄一点这样的东西，算是一个对付。

1933年2月23夜

（本篇为应日本改造社之约，用日文作于1933年2月23日，最初发表于同年四月号《改造》杂志，后由许广平于3月25日译成中文，经作者校定，刊于同年5月《现代》第3卷第1期。）

写在前面

——他并非西洋唐伯虎

瞿秋白

萧伯纳在上海——不过半天多功夫。但是，满城传遍了萧的“幽默”、“讽刺”、“名言”、“轶事”。仿佛他是西洋唐伯虎似的。他说真话，一定要传做笑话。他正正经经的回答你的问题，却又说他“只会讽刺而已”。中国的低能儿们连笑话都不会自己说，定要装点在唐伯虎徐文长之类的名人身上。而萧的不幸，就是几乎在上海被人家弄成这么一个“戏台上的老头儿”。

但是，真正欢迎他的，不是这些低能儿。事前的“欢迎者”，各自怀着鬼胎，大家都想他说几句于自己有益而刺着别人的话。而事后一些“欢送者”，就大半瘟头瘟脑——大失所望。“和平老翁”，变成了“借主义成大名……挂羊头卖狗肉的”了。

可是，又舍不得他这个“老头儿”，偏偏还要借重他。于是乎关于他的记载，就在中英俄日各报上，互相参差矛盾得出奇。原本是大家都想把他当作凹凸镜，在他之中，看一看自己的“伟大”而粗壮，歪曲而圆转的影子；而事实上，各人自己做了凹凸镜，把萧的影子，按照各人自己的模型，拗捩得像一副脸谱似的：村的俏的样样具备。

然而萧的伟大并没有受着损失，倒是那些人自己现了原形。萧伯纳是个激进的文学家、戏剧家。他反对那些干文字游戏的虚伪“作家”，他把大人先生圣贤豪杰都剥掉了衣装，赤裸裸的搬上舞台。他从资产阶级社会里出来，而揭穿这个社会的内幕。他真正为着光明奋斗。他战胜着自己身上的旧社会的玷辱和污点。他并不吊住在自己的迷误的“主义”和“思想”上，而昧着良心来诅咒新社会的产生。他只见到过“改良”，而事实却是“革命”，他没有因此就恼羞成怒；相反的，他立刻向着“革命”开步走。于是乎那些卖人头的，都嘘嘘嘘的“欢送”他。

所以真正欢迎他的，只有中国的民众，以及站在民众方面的文艺界。中国的民众并不当他是什么“革命的领袖”、“完全的社会主义作家”，更不会当他是偶像。他们认识他现在是世界的和中国的被压迫民众的忠实朋友。

我们收集“萧伯纳在上海”的文件，并不要代表什么全中国来对他“致敬”——“代表”全中国和全上海的，自有那些九四老人、白俄公主、洋文的和汉文的当局机关报；我们只不过要把萧的真话，和欢迎真正的萧或者欢迎西洋唐伯虎的萧，以及借重或者歪曲这个“萧伯虎”的种种文件，收罗一些在这里，当作一面平面的镜子，在这里，可以看看真的萧伯纳和各种人物自己的原形。

1933年2月23日

（原载1933年3月上海野草书屋出版的《萧伯纳在上海》）

《萧伯纳在上海》序

鲁　迅

现在的所谓“人”，身体外面总得包上一点东西，绸缎，毡布，纱葛都可以。就是穷到做乞丐，至少也得有一条破裤子；就是被称为野蛮人的，小肚前后也多有了一排草叶子。要是在大庭广众之前自己脱去了，或是被人撕去了，这就叫做不像人样子。

虽然不像样，可是还有人要看，站着看的也有，跟着看的也有，绅士淑女们一齐掩住了眼睛，然而从手指缝里偷瞥几眼的也有，总之是要看看别人的赤条条，却小心着自己的整齐的衣裤。

人们的讲话，也大抵包着绸缎以至草叶子的，假如将这撕去了，人们就也爱听，也怕听。因为爱，所以围拢来，因为怕，就特地给它起了一个对于自己们可以减少力量的名目，曰“讽刺”，称说这类的话的人曰“讽刺家”。

伯纳萧一到上海，热闹得比泰戈尔还厉害，不必说毕力涅克和穆杭了，我以为原因就在此。

还有一层，是“专制使人们变成冷嘲”，但这是英国的事情，古来只能“道路以目”的人们却不敢的，不过时候也到底不同了，就要听洋讽刺家来“幽默”一回，大家哈哈一下子。

还有一层，我在这里不想提。

但先要提防自己的衣裤。于是各人的希望就不同起来了，耳朵也不同起来了，批评也不同起来了。蹩脚愿意他主张拿拐杖，癞子希望他赞成戴帽子，涂了胭脂的想他讽刺黄脸婆，民族主义文学家要靠他来压服了日本的军队。但结果如何呢？结果只要看唠叨的多，就知道不见得十分圆满了。

萧的伟大可又在这地方。英系报，日系报，白俄系报，虽然造了一些谣言，而终于全都攻击起来，就知道他决不为帝国主义所利用。至于有些中国报，那是无须多说的，因为原是洋大人的跟丁。这跟也跟得长久了，只在“不抵抗”或“战略关系”上，这才走在他们军队的前面。

萧在上海不到一整天，而故事竟有这么多，倘是别的文人，恐怕不见得会这样的，这不是一件小事情，所以这一本书，也确是重要的文献。在前三个部门之中，就将文人，政客，军阀，流氓，叭儿的各色各样的相貌，都在一个平面镜里映出来了。说萧是凹凸镜，我也不以为确凿。

余波流到北平，还给了大英国的记者一个教训：他不高兴中国人欢迎他。20日路透电说北平报章多登关于萧的文章，是“足证华人传统的不感觉痛苦性”。胡適博士尤其超脱，说是不加招待，倒是最高尚的欢迎。

“打是不打，不打是打！”

这真是一面大镜子，真是令人们觉得好像一面大镜子的大镜子，从去照或不愿去照里，都装模作样的显出了藏着的原形。在上海的一部分，虽然用笔和舌的还没有北平的外国记者和中国学者的巧妙，但已经有不少的花样。旧传的脸谱本来也有限，虽有未曾收录的，或后来发表的东西，大致恐怕总在这谱里的了。

1933年2月28日灯下

（原载1933年3月上海野草书屋出版的《萧伯纳在上海》）

萧伯纳访华时与鲁迅和蔡元培合影

谁的矛盾

鲁 迅

萧并不在周游世界,是在历览世界上新闻记者的嘴脸,应世界上新闻记者的口试——然而下了第。

他不愿意受欢迎,见新闻记者,却偏要欢迎他,访问他,访问之后,却又都多少讲些俏皮话。

他躲来躲去,却偏要寻来寻去,寻到之后,大做一通文章,却偏要说他自己善于登广告。

他不高兴说话,偏要同他去说话,他不多谈,偏要拉他来多谈,谈得多了,报上又不敢照样登载了,却又怪他多说话。

他说的是真话,偏要说他是在说笑话,对他哈哈的笑,还要怪他自己倒不笑。

他说的是直话,偏要说他是讽刺,对他哈哈的笑,还要怪他自以为聪明。

他本不是讽刺家,偏要说他是讽刺家,而又看不起讽刺家,而又用了无聊的讽刺想来讽刺他一下。

他本不是百科全书,偏要当他百科全书,问长问短,问天问地,听了回答,又鸣不平,好像自己原来比他还明白。

他本是来玩玩的,偏要逼他讲道理,讲了几句,又不高兴了,说他是来“宣传赤化”了。

有的看不起他，因为他不是一个马克思主义文学者。然而倘是马克思主义文学者，看不起他的人可就不要看他了。

有的看不起他，因为他不去做工人，然而倘若做工人，就不会到上海，看不起他的人可就看不见他了。

有的又看不起他，因为他不是实行的革命者，然而倘是实行者，就会和牛兰一同关在牢监里，看不起他的人可就不愿提他了。

他有钱，他偏讲社会主义，他偏不去做工，他偏来游历，他偏到上海，他偏讲革命，他偏谈苏联，他偏不给人们舒服……

于是乎可恶。

身子长也可恶，年纪大也可恶，须发白也可恶，不受欢迎也可恶，逃避访问也可恶，连和夫人的感情好也可恶。

然而他走了，这一位被人们公认为“矛盾”的萧。

然而我想，还是熬一下子，姑且将这样的萧，当作现在的世界的文豪罢，唠唠叨叨，鬼鬼祟祟，是打不倒文豪的，而且为给大家可以唠叨起见，也还是有他在着的好。

因为矛盾的萧没落时，或萧的矛盾解决时，也便是社会的矛盾解决的时候，那可不是玩意儿也。

（原载《论语》十二号，1933年3月1日）

关于萧老头子

全增嘏

要是我是“萧伯纳专家”，我一定要写一篇论文介绍他的作品和思想；但是很惭愧，当代的中国人里面恐怕只有我没有看过他的全集。（起码，我所知道的人仿佛个个都看过他的全集一样。）

要是我是“社交新闻”访员（Society News Editor），我一定可以很详细地报告大家那天“笔会”欢迎萧伯纳的席上有些什么名媛在座，而那些名媛穿的是什么衣裳——是印度缎？还是锦底绸？——用的是什么香水——是“Narcisse Bleu”？还是“Let' aime”？但是，很不幸的，论语向来没有所谓“社交新闻”一栏，而同时，我也根本不是一个“社交新闻”记者。

要是我那天站得同萧伯纳很近，我还可以写一篇素描，让大家知道萧伯纳的牙齿是真的还是假的，他的领带是红色还是蓝色。但是可惜我坐得很远，所能看见的只是那些把萧老头团团围住的人的背影。

不得已而思其次——想提起笔来，胡乱恭维萧伯纳一顿——又恐怕读者骂我，说我犯论语社第五条戒条。

这不是，那也不是，还是让我来谈谈鲁迅罢！

标题是《关于萧老头子》，而文中却来谈谈鲁迅先生，原因有二：第一，“笔会”欢迎萧伯纳时鲁迅也在座。（要是这个理由不充足，推翻之也不妨。）第二，鲁迅与萧伯纳颇相似，所以可以并题而谈。譬如说罢，萧伯纳是社会讽刺家，鲁迅也是；萧伯纳是提倡社会革命者，鲁迅亦然。虽然如此，二人究竟不同，因为萧伯纳已经是个百万富翁，而鲁迅每年所收版税虽多，然还是不能像萧伯纳一样满不在乎地几千块钱美金环游世界。

鲁迅不是百万富翁，怕的只是他是一个中国人。要是他是英国人，他也会像萧伯纳那样地骂美国人而同时叫他们非买他的书看不可。那样一来，他的家当就不成问题了。

还有，萧伯纳之所以成名，一部分的原因未始不是因为英国有一般贵妇人和社交明星捧他。但可惜中国的所谓社交界只学会了西方的狐步舞，到如今还没有发现鲁迅。所以结果《阿Q正传》不能像《华伦夫人的职业》那样的畅销。

外国人好奇。萧伯纳培养种种怪癖，正是迎合这种心理，以作自己的宣传。但是中国人呢？要是鲁迅忽然吃起素来，头一样，就恐怕不会引起注意；第二样，就会引起注意，也不会有人争相效尤。因为在中国吃素只是吃素，决计不会成为一种“主义”（Vegetarianism）。

仔细想来，也恐怕只有英国才能够有萧伯纳这样的怪物。要是在中国，像他那样不客气地讽刺这样，批评那样，恐怕早已经被军阀枪毙了。

中国无言论自由——这或许是鲁迅永远不会成功萧伯纳的一个最大原因！

2月20号

（原载《论语》第十二期，1933年3月1日）

萧伯纳与美国

林语堂

萧伯纳向来不到美国，虽然美国是他戏剧表演初次成功的地方，同时也是他版税拿得最多的国家。这回大不列颠皇后，虽然要绕行美国，由西岸经过巴拿马运河而再到东岸，萧伯纳却早已声明不要借此机会游美，最多像他看上海一样，岸上走走罢了。有一次纽约五百名人，包括作家、诗家、戏剧家，及表演萧剧有功而且对萧极有好感的演员如 Mrs. Patrick Campbell 等，飞电邀请萧翁到纽约，萧氏仍旧不肯答应。他的理由很简单："所有好的美国人都跑来英国找我，我为什么还要到美国去？"（萧对电影明星 Adolphe Menjou 说的话）萧氏一向是骂美国人的。"我向来最留心不肯对美国说一句客气话，我讥笑过美国是一个乡下佬的国家。美国人常自誉为百分之百美国人，我曾下一个界说：百分之百的美国人是百分之九十九的白痴。于是他们崇拜我，而永远继续地崇拜我。"

萧伯纳常讥笑美国没有自由。有一次他说他不要到美国的理由："我不愿意看（纽约口岸）自由之神的铜像。我是俳谑大家，但是好俳谑还没有到这种程度。"

他说这回美国人都要轰动全国跑来看他。但是都可不必。

“也许美国大陆要从此翻沉了，但到底有什么用处？”这有点像耶稣骂好奇跑来看他的群众。萧伯纳说过，假定世界的人懂得伟人心里所想提倡的东西，就会都把伟人缢死。（见本期“革命家箴言”）

（原载《论语》第十二期，1933年3月1日）

萧伯纳与上海扶轮会

林语堂

萧伯纳不要看上海，不得已被邀上岸，却又转头回去了。萧翁见识到底比普通世界旅行家高明一等，他不要看这铜臭丑陋不东不西的小市，到留了四个整天去游览北平。所以这回倒不算萧伯纳饱享眼福看上海，反而是上海饱享眼福看萧伯纳了。只有上海扶轮会会员，抱有极大决心，要不理置萧氏。这自然是扶轮会员的聪明，因为香港的扶轮会已经抹了一鼻子的灰，被萧骂为互相标榜的狐群狗党“Gangs”。其实扶轮会应该大家抱定决心，搭起架子，不读萧氏的书，才是真正的聪明。因为萧伯纳在香港大学演讲，劝中国青年学生研究共产主义，已吓得上海帝国主义的外商魂不附体，由上海外报的种种论调，已可见其一斑了。向来市侩所组织的扶轮会所表示态度，也与上海英报毫无一致。不过这扶轮会将来唯一流芳千古的佳事，就是在萧伯纳到沪的前一天，他们开会，曾用“国际骂”骂萧伯纳为“Blighter”、“Ignoramus”“发痴”，“Bakayaro”。（见2月17日《大陆报》）萧伯纳向来没有被人骂过“不学无术”，有之自上海扶轮会始。其实这并不是大笑话。假定刘易斯（Sinclair Lewis）也来游历世界，也来路过上海，而上海扶轮会也来请这位Babbitt（编者注：中文为“巴比特”。辛克莱·刘易斯的小说《巴比特》中的主人公巴比特是一个商人，后巴比特一词成为庸俗市侩的代名词）的作者吃饭，那才是天大的笑话。这些扶轮会员若没有读过这本奚落扶轮会员的杰作，也许会真正去招待刘易斯罢。到那时，我们这小城的 Babbitts 却又非再用“国际骂”不可，而上海扶轮会将有侮辱两位诺贝尔奖金得奖员的稀有荣耀了。

（原载《论语》第十二期，1933年3月1日）

萧伯纳颇有老当益壮的感想

蔡元培

萧伯纳年已77，须发皓然，而言语爽利，举动轻便，毫无老态。但在前日闲谈中，自言：

“初入老境时，大家觉得萧老了，不必再看他的作品了；到了现在，又觉得萧老而益壮，又要看他的作品了。”

他虽然不大喜欢作庄语，然而这两句话，似乎出于真的感想。

我们的文学家，常有“才尽”或“老手颓唐”等评语，老年作品的减色，容或有之；但萧氏的近作，却还没有听到“逊色”的评判。我想他的两句话，是读者心理的状态。美学的试验，知道吾人对于最新的美的接触，有两种态度：[学]惊其新奇而诧为尽美，或嫌其格格不相入而斥为非美。但此斥为非美的对象，若屡屡接触，则渐与相习，而认识其美点，此为第一转变。若久与之习，则又不觉其美；如入芝兰之室，久而不闻其香，此为第二转变。萧氏所说“不必看他作品”的话，当是读者心理上第二转变时期的状况。然后来看他倔强犹昔，不觉又引起好奇之心，加以萧氏游俄以后，能言人所不敢言，尤足引起同情，故又转而欢迎他的作品了。

（原载《论语》第十二期，1933年3月1日）

幽默矛盾萧伯纳

洪　深

这样一个体格魁梧精神矍铄的老头子，而是个不肉食者；这样一个威仪棣棣的英国绅士，而是一个充满了革命情绪的社会主义者；这样一个革命理论者，而他的理论大半不正确，缺乏科学的根据，甚而至于有时候听上去觉得是非常反动！这就是萧伯纳！

他说，大学教育不是教育，因为把个人的自由意志都摧残净尽了；这个使人想起他从前是“天才崇扬者”。他又说，代议政治不是政治，因为当初英国人创造议会的目的，原是为要和既成的权威如帝王教堂等捣蛋的；这个使人想起他称赞过墨索里尼的治绩。他又说，我劝学生革命，不劝学生暴力抗斗，因为在马路上与警察对持，一定要被打破头的；这个使人想起他是一个Fabian（编者注：中文为“费边主义”）。他这样的说法，未尝没有相当的理由，但正和他的乡前辈王尔德一样，说的话虽然新鲜可喜，但是“似是而非”的；是part truth而不是whole truth（编者注：此句的意思是：是部分正确而不是全部正确）。

他的论戏剧，也是崇扬天才的。他说：“编剧要从人生中去学习的。我自己编剧的时候，我先认清几个人，把他们的行动言语，记录下来，他们就会自然而然地发展着，像一朵花的开放一样”。当然，等到一个编剧者认清了几个人而能将他们的行动言语，记录下来的时候，一出戏已经成功了。困难是在怎样能认清，怎样会记录，就是怎样从人生中选择一部分有意义的，记录连缀起来，成为一本有意义的戏剧。这纯粹是一个技术问题，最好由自己阅历出来，如萧伯纳所主张。但有许多时候，我们可利用别人的阅历，从别人的阅历中学习。这就是从课堂里，从书本里所能学习的。

只有他说苏俄的他处，是坦直而诚恳的。

末了，还有几句他没有说而别人代他说的话，也不可不记录。关于目前的几个实际问题，萧翁都不大愿意回答。有人问他，东方弱小被压迫民族的出路如何，萧翁未答，而上海某英字报的记者代他回答了："这些关于穷苦而被压迫人民的废话！谁压迫他们？无非是一群残暴的军阀，自称为××党，唯一目的，为夺取自己人民所有的一切而已。"这种歪曲，在那张外国报无怪其然，据说那张报是代表东方某一个被压迫民族，海陆空军强得不得了，国内有很多残暴的军阀的。

又有一个记者问萧翁对于二次世界大战的感想。萧翁不肯回答。但是申报用一个defeatist（编者注：中文为"失败主义者"）的口吻，替他回答了："二次大战，吾人俟其到临可也。"申报记者的想象力，也同某西报的某西记者一样丰富的。

（原载《论语》第十二期，1933年3月1日）

水乎水乎洋洋盈耳……

林语堂

我向不善欢迎要人，站码头，踱月台一类的事。这回却为事势所迫，被人挤到欢迎萧伯纳的前线。而且前线就是埋葬多少情郎痴女的黄浦江畔。在不得已伫立江畔二小时的这会儿，我觉得世上的水实在很多，到现在想起萧翁就会有水乎水乎之感。我们孔子也早有"美哉水"的感慨……

时为正午，在孙夫人客厅。萧翁正坐在靠炉大椅上，眼光时看炉上的火，态度极舒闲，精神也矍铄。大凡英国人坐在炉边时，就会如在家居的闲适，这就是萧翁此时的神态。

他一对浅蓝的目光，反映着那高颡中所隐藏怪诞神奇的思想。蔡先生与孙夫人都在座，但是还有几位客人未到，所以我们随便闲谈。我们谈起萧翁的二位作传者。我说赫理斯比亨德生文章好。

“文章好，是的。”萧氏回答。“但是赫理斯这个人真没办法。他穷极了，所以要写一本耶稣的传。书店老板不要，教他写一本萧伯纳的传。这是他作传的原因。但是他不知我的生平。他把事实都记错了。刚要脱稿时，他不幸逝世，将手稿托我出版。我足足费了三个月光阴编订纠正及增补书中所述的事实，但是赫氏的意见，我只好让他存在。”

“赫理斯说他原要写耶稣的传，但是据说下笔时情感太冲动了。所以写不下去。”我勉强凑上说。

“是的。赫理斯遇见与狂浪的人在座，他便大谈起耶稣人格之高尚，但是与安立干教牧师同席时，他又大放厥词——一如同巴黎最淫荡的神女交谈一般……他死时，只是留给他的妻子两袖清风。”

“我想他的妻子现在可以拿到这本书的版税吧？”自己想不

出什么妙论可发挥。

“自然的。可笑的是，我的一些朋友写信给我，对书中许多奚落我的话提出抗议，说赫理斯不应该说这些话，而我却替他发表。其实这几段话是我自己写的。”

萧氏讲话之时，浅蓝的眼睛时时闪烁，宛如怕太阳光一样，使人觉得他是神经锐敏的人，有时或有怕羞的可能。最特别的就是他若有所思时，额头一皱，双眉倒竖起来，有一种特别超逸的神气。这就是萧伯纳的讽刺画中常看见的有名的眉梢。

我看这位身材纤瘦的爱尔兰文豪，想到他纵横古今语出惊人的议论，使读其书的人，必生畏心，以为此老不可轻犯。然而一见其为人，又是朴质无华的文人本色，也是很近人情守礼法的先生。因此我想起他素来以真话为笑话的名言；常人每以为萧氏的幽默，出于怪诞炫奇，却不知这滑稽只是不肯放诞，不肯盲从，而在于揭穿空想，接近人情，撇开俗套，说老实话而已。不过要近人情说老实话就非有极大的勇气不可。谁敢奉行耶教十诫中勿撒诳的戒条，老实说婚姻是怎么一回事，恋爱是怎么一回事，便非被社会认为狂悖不可；这是萧伯纳被人认为怪诞的缘由。

在席上，萧氏谈到素食、中国家庭制度、大战、英国大学的教授戏剧、中国茶及博士登茶等问题。他只是在他学用筷子夹物之时，随便扯谈的，顺当自在，诙谐俳谑，然而在我们听来，真如看天女散花，目不暇顾。

萧氏说英国大学的教授戏剧，只教人莎士比亚剧文的笺注出处，某语出于某典，某人生于何时，学生预备功课时，也尽力强记这琐碎的笺注，以应课堂上的考问，却未曾把本文一气读完，而得其神趣。结果这些学生一听见莎士比亚的名字就头痛，终身不敢翻开莎士比亚的剧本。

他又说在大战时，英国士兵与德国士兵倒没有恶感。"英国人与德国人从来不吵嘴，他们相见于疆场，只有拿起刺刀，你不杀死我，我便杀死你了事。但是英国人却痛恨法国人，法国人又痛恨美国人，到了欧战将终的时候，这联军的恶感已达到极点。

"我们以前常讲战士的英勇。但是欧战以来英勇已成历史上过去的事实。大战中没有人说，他自己的勇气，只有说他的恐惧。现代战争的残酷凶狠，已到极点，凡头脑清楚则稍自爱的人都非屁滚尿流不可。

“我曾经听见一般尚战论者，大谈战争有益于人类的品性，鼓励牺牲，英勇，大无畏精神，就对这些人提出一种消灭战争方法。我提议我们在每年秋操时候，废除阅操典礼，因为这阅兵是不杀人的，所以不会提高人类的品性。应该叫那些尚战论者自己到野外去，真枪实弹去互相厮杀。如此可以满足他们食人的野性。”

餐后大家到花园中，那时清凉的阳光射在萧翁的白发苍髯，萧氏人又高伟，有一种庄严的美丽。这几天连日微雨，所以我们想萧氏对于上海的印象未免不好，因为上海的云天太多了。

“萧先生，你福气真大，可以在上海看见太阳。”有一人说。

“不，这是太阳的福气，可以在上海看见萧伯纳。”这位机智的爱尔兰人回答。

我想到穆罕默德的名言：“穆罕默德不去就山，让山来就穆罕默德。”

（原载《论语》第十二期，1933年3月1日）

我也总算见过他了

邵洵美

萧伯纳总算来过了，我也总算见过他了。和他会面不满20分钟，可是我并不觉得时间的短促；要写篇印象记，我一样可以写得很周到。

我是在笔会见到他的，把他抢到笔会来，其中的确经过了不少麻烦。他的照片我早就看见过不少；记得剑桥的菲子威廉博物院所陈列的一张奥古斯丁·约翰所画的萧伯纳像曾经使我羡慕过好些时候，因为要请约翰画像据说不是钱买得到。

他就跟约翰所画的像完全一样，皮色红到发嫩，胡须白到透明；假使他的性格不是那样吝啬，那他简直是个圣诞老人。

他在上船以前，据说就声明不演讲。本来谁要他作冗长的演讲，我们怕不会去翻他每篇剧本前的长序。他在笔会就很幽默地说了不上20句话，那才是难得的珠玉。他说做文章出名并不是什么奇怪事情，我觉得他并不在讲真话。梅兰芳很愿和他交朋友，他回答说，爱尔兰人全靠不住，这倒是一个靠得住的供状。就这一句话，我就觉得比十部卢梭的自传要忠实。萧伯纳将来要是成仙，就是此地种的善根。他自己简直承认他自己是仙人，因为他吃素。他说他把蔬菜当酒肉一般地来享受。

也许是我早有了成见，我就觉得他20分钟里没有一忽不显露着他那吝啬的性格。他连一句话都不愿白费。临走，他说"我得走了，那边有五千个新闻记者在等着我"。我想他这句话也是有用意的。但不知是说我的新闻记者人数虽少而喧哗得像有五千雄兵呢，还是说只看见人头会集而不闻有人发有意义之问话?

老实说，我对于他的印象并不坏，竟然可以说极好；可是在那短短的20分钟，我却并没得到多少快感，因为我自从他踏进门一直到他跨上车，我就在防备着他会带着笑骂人。

（原载《论语》第十二期，1933年3月1日）

文豪萧伯纳的诤言

廖沫沙

我国抗战六周年纪念日，盟国的人民和领袖都来电祝贺，赞扬我们，鼓励我们，因为我们中国是第一个举起反抗法西斯侵略的大纛的国家，因为我们虽然在物质条件异常困难之下，艰苦抗战了整整的六年。

现在我们已经踏入了抗战的第七个年头，胜利的日子虽已不远，但这个时候也正是最紧要的关头，胜利不会自己飞来，是需要我们努力来争取的。

大文豪萧伯纳在七七纪念给我们的贺电中说："中国之前途，则已充满希望，愿勿令此希望复陷于失望。"这是给我们最好的鼓励，也是给我们最好的诤言。怎样才无负于这种鼓励，不忽略这种诤言，却需要我们尽最大的力量，谨守原则：加紧抗战，加强团结，力求进步！

附：盟友们的箴言

（本报莫斯科七日专电）……名作家萧伯纳之语："当余生时，中国在文明世界中正濒于绝望之境！今余老矣，中国之前途，则已充满希望，愿勿令此希望复陷于失望。"尤使吾人警惕。

（原载1943年7月13日 重庆《新华日报》短评）

萧伯纳之新选集

王统照

再活一百年我可成为一个胜任的内阁阁员。

——萧翁之新风语

流行世界的牛津版世界名著丛书（亦称世界古典丛书），新近刊行一种精美装订版本，包罗近代世界名家的文艺作品（在美国出版），其第一号即萧翁的*Back of to Methuselah*（编者注：中文为《回到玛土撒拉》）。原由牛津出版部请求萧翁选定一种著作作为这个新版丛书之一。萧翁遂选定了这本在“创造进化”中的信念的灵活妄想。他把这本书的著名序言裁去，免占好多页数，新加上一段附白，宣称“一本世界的古典书或者是空无所有”。

1922年此剧曾由美国剧业公会在纽约的百老汇上演，观众的成绩并不见佳。幸有萧翁风格的崇拜者谈论此剧本身的炫耀力，比较上还不算寂寞罢了。萧翁的各个戏剧，小部分是靠着他那戏剧天才的“隐德来希”（energy）。而大部分则靠着他的涉想——即他所想最先与最后的事物（可说是始与终的实在）。

萧翁的擅长在此，轰动世界的伟名在此。可是他在那些剧本所奢费的无可匹敌的写作，却不能使一个读者感到他曾把握住若干事物，或一听者曾经在实际上碰到他的剧本中任何事物。

*Back of to Methuselah*中之古典部分——确像一本戏剧——是书中之第一部分，是一个伊甸园中美丽的萧翁风格之喜剧。其第二部则见逊色，中有纪元后2170年与纪元后3000年、纪元后31920年的三种布置。

至于此剧之主题，其生动有效处，在1947年与在1921年正复相似，即如果我们愿意生活得与管制生活两俱良佳，我们却渴望着活得更长久些。我们的政治家“对于他们的职业还不十分衰老呢”。如今，一位勉力撑持90岁的萧翁，在那篇附白上曾加写道：

虽然我距离大家所想的那么聪明与极好的报告是差得多了，我在政治上的才干并不在一般人之下。对于我，去管理几百万人民比管理一个12岁的童子还更能适宜啦。在身体上我固然荏弱，我的感觉，我的火车头的气力，我的记忆则腐溃至一种程度，即，如果我坚持着一定活下去，准会威胁着使我成为一个司楚远堡（按：司楚远堡［Strulabvug］乃英国著名狂生斯威夫特的《格列佛游记》中所描写的衰老

人物之一，他们一下生前额上便是一个记号，及至他们到了八十岁高龄，在鲁加纳格王国中Kingdom of Luggnagg便以公共的花费把他们供养起来）。可是我的心意则仍然觉得其继长增高的可能。……（如果）生命力能给我一个与我的心意一般经久不衰的躯体……我便开始政治上的课程，像一个低等文官，且于另一百年或在不多的岁月之中，我可进展而成为一个胜任愉快的内阁阁员。

（原载《微音集》）

鲁迅和萧伯纳

张 华

萧伯纳是鲁迅会见过的有世界声誉的大剧作家。由于旧中国反动当局的腐败和对文化事业的摧残，当时中外文化交往濒于断绝，加上鲁迅长期处于被迫害的境地，所以虽然他生前就已是闻名世界的大作家，但会见的外国作家却屈指可数：除了日本文艺界若干人士、旅居我国的美国进步作家斯沫特莱、斯诺等人外，北京时期似乎只有爱罗先珂，而上海十年就只有萧伯纳和瓦扬·古久里等人了。

一

萧伯纳（1856—1950）是用英语写作的爱尔兰剧作家，是19世纪末到20世纪前半期世界批判现实主义文学最杰出的代表之一，是优秀的讽刺艺术大师。萧伯纳的名字在旧中国的文化界并不陌生，早在五四时期就被介绍到我国来了，著名的《新青年》杂志出过萧伯纳专号，译载了他的剧作。萧伯纳作品对资产阶级上层社会辛辣的讽刺，曾给鲁迅留下深刻的印象。1925年“五卅”运动期间，萧伯纳等人联名公开发表宣言，同情和支持中国人民的反帝爱国斗争，这使鲁迅对他有了进一步的认识，认为萧伯纳是有别于英国巡捕商人的“真的文明人”（鲁迅：《忽然想到（十一十二）》，《鲁迅全集》1973年版第三卷93页），鲁迅称赞萧伯纳的正义行动，并将这记叙在他的杂文里。

1933年，萧伯纳有远东之行。到达上海后，在宋庆龄先生寓所，会见了鲁迅，萧伯纳是应中国民权保障同盟总会之邀到宋宅去的，同时会见的还有蔡元培、宋庆龄等人。据宋庆龄先生最近撰写的回忆文章：萧伯纳当时已经受到英政府的警告，所以很少发言。可是，资产阶级的新闻界，却又偏偏抓住他不放。他们谈不上真正尊重这位进步剧作家，只是想借重名流，要萧伯纳嘴里说出些对他们有利的话语，又藉同他的交往来标榜自己。但是，他们的希望落空了。萧伯纳是资本主义社会的虚伪和丑恶的无情揭露者，他决不为帝国主义和资产阶级所利用。萧伯纳一到香港就劝青年学生革命，研究革命书籍，在他一路上发表的谈话，形式上有些俏皮，但却都是真话，包含着苦味的真理，是一支支向反动势力射去的箭。于是，资产阶级舆论界哗然了，帝国主义和它的奴才们在报刊上向萧发动了围攻，萧伯纳成了众矢之的。

鲁迅当时已经是成熟的马克思主义者，在世界观上同萧伯纳是不同的。但他用马克思主义观点对萧伯纳作了全面的观察和分析，认识到在反对帝国主义，争取社会进步这一点上，萧伯纳是同一战线的同志和战友。反动舆论界对萧伯纳的攻讦，决不仅仅是对萧伯纳个人人身的侮辱，而是向整个社会进步势力的挑战。所以，鲁迅从“为社会的战斗上的利害”（鲁迅：《两封通信（复魏猛克）》，《集外集拾遗》1973年版394页）角度上考虑，坚决起来支持萧伯纳，为他辩护。这一时期鲁迅写了很多有关萧伯纳的战斗的杂文，并且编译了《萧伯纳在上海》一书。

《萧伯纳在上海》是在鲁迅亲自提议和主持下，由鲁迅和瞿秋白同志共同编译的，并且是以鲁迅笔名之一“乐雯”署名的。这是一批很有意义的文献。全书分五个部分。第一部分是国内文化界对萧伯纳来华的反映，其中一批文章表现了以鲁迅为首的进步文化界对萧伯纳真诚的欢迎、歌颂和爱戴。第一部分的另一批文章和整个第二部分，是帝国主义和反动报刊攻击萧伯纳的言论，把这些反面材料收集起来，目的在于把这些材料制造者的反动嘴脸，暴露于光天化日之下。通过编译者所加的附记、评注和按语，通过第三部分对这些材料的比较和分析，反动舆论界造谣、捏造和恶意诋毁的真相，赤裸裸地显现在读者面前。第四第五两部分对萧伯纳作了客观的科学的介绍。这一本书，洗去了反动报刊加在萧伯纳身上的污垢，还他以本来面目，一个卓越的进步剧作家的形象，在中国读者心中树立起来，而造谣者的卑劣行径，也为广大读者识别和唾弃。

鲁迅这一时期关于萧伯纳的重要杂文和他所编译的《萧伯纳在上海》一书，是中国人民和爱尔兰人民共同反对帝国主义斗争的记录。而萧伯纳同以鲁迅为首的进步文化界的亲切会见，是两国人民友谊史册上珍贵的一页。

二

萧伯纳是举世公认的讽刺艺术大师。在戏剧艺术中他继承了易卜生的传统而又有所发展，他处在世界进入帝国主义时代，又生活于阶级斗争远比挪威开展的当时头号帝国主义国家的英帝国，因此他对资本主义社会的揭露更为深刻有力，对资产阶级人物的嘲讽更加淋漓尽致。在20世纪的上半期，在戏剧方面，萧伯纳的成就是独步的。

鲁迅说："'讽刺'的生命是真实"（鲁迅：《什么是"讽刺"？》，《鲁迅全集》1973年版第六卷323页）。先进势力和反动势力在斗争中相互都使用讽刺这武器，但反动者对先进势力的“讽刺”是颠倒黑白，指鹿为马，或将前进中的缺点肆意夸大歪曲，从而根本违反了真实，因而也就成了毫无生命力的诬蔑和捏造。先进者对反动落后势力的讽刺则切中要害，深刻地揭露了它们的本质，反映了客观真实，因而是极富有生命力的。

萧伯纳的讽刺艺术就正是后一种讽刺的杰出代表。鲁迅十分推重萧伯纳对资产阶级绅士淑女们猛烈无情的鞭挞和嘲讽：“他使他们登场，撕掉了假面具，阔衣装，终于拉住耳朵，指给大家道，‘看哪，这是蛆虫！’连磋商的工夫，掩饰的法子也不给人有一点。这时候，能笑的就只有并无他所指摘的病痛的下等人了。在这一点上，萧是和下等人相近的，而也就和上等人相远。”（鲁迅：《“论语一年”》，《鲁迅全集》1973年版第五卷165页）把绅士淑女叫作蛆虫是不是违反了真实呢？不是的，这既不是谩骂，也不是无聊的俏皮话，而是揭示了他们的灵魂和本质，非常深刻地反映了真实。

我们且拿萧伯纳的成名作《鳏夫的房产》来说明吧。剧中的主人公屈兰奇在登场时给人印象是个温文尔雅、清高自许的人，他鄙视他女友的父亲萨托里阿斯，义正词严地痛斥后者的财产“是用压榨、恐吓、威胁以及各色各样卑鄙、残暴的手段从一伙穷得难以活命的人们身上搜刮来的”（萧伯纳：《鳏夫的房产》，《萧伯纳戏剧集》1956年版第一集47页）。但当萨托里阿斯以无可置辩的事实证明屈兰奇的收入也是这样得来的时候，屈兰奇的满腔义愤也就立刻化为乌有，心安理得地用这样得来的钱过自己的安逸生活，并同萨托里阿斯的女儿结了婚。作者对屈兰奇确是作了尽情的揶揄和嘲弄，但这并不是寻开心，或是故意丑化他，而是撕破他自由主义和人道主义的伪装，显示出他蛆虫的本色。萧伯纳指出他们这些资产阶级人物都是无耻的搜刮者，整个资本主义社会是建立在对穷得难以活命的人的残暴的压榨和剥削之上的，他们漂亮的辞令不过是掩饰自己，欺骗劳动人民。萧伯纳揭穿了这一骗局，说明他同劳动人民，“下等人”是相近的，他的作品对于同资产阶级“敌对的别一群，倒反成为有益”（鲁迅：《什么是“讽刺”？》，《鲁迅全集》1973年版第六卷325页），萧伯纳成了“下等人”在文艺上的代言人。

鲁迅在赞许萧伯纳的卓越的讽刺艺术的同时，又严正地指出战斗的讽刺同流于无聊的说笑的所谓幽默有根本的不同。这里所说的不是无产阶级和劳动人民的健康的幽默和风趣，而是粉饰剥削阶级反动统治的所谓“幽默”。30年代的林语堂办《论语》杂志，提倡幽默，企图用插科打诨的俏皮话，粉饰太平，转移人们的视线，掩盖残酷的阶级斗争的现实，将屠户的凶残，化为一笑，鲁迅公开声明反对林语堂所提倡的幽默，认为在阶级斗争极端尖锐残暴的中国，是不可能有这种幽默的，要幽默就只能流于传统的说笑话和占便宜。萧伯纳的讽刺是同这种浅薄下流的说笑完全背道而驰的，可是有的人却总是有意无意地把他同这些“幽默家”混为一谈，贬低萧伯纳的伟大，抽去他作品的战斗精神，林语堂就是这样的人，在他的《谈萧伯纳》一文中，大谈萧伯纳的法螺，把萧伯纳形容为自吹自擂的滑稽老头，这实是对萧伯纳的恶意歪曲。鲁迅在他的杂文中多次阐发萧伯纳的言论和作品的进步意义，反对这种歪曲，《萧伯纳在上海》一书里也着重指出他并非西洋的唐伯虎，把萧伯纳同无聊的说笑者严格区分开来。

三

鲁迅热情地赞颂萧伯纳从资产者社会中冲杀出来并反戈一击的战斗精神，并誉之为“伟大的蛆虫”。

上段已经说到：萧伯纳一针见血地指出资产阶级的绅士淑女实质上都是可恶的蛆虫。这引起了他们疯狂的反击：他们叫嚷起来，说萧伯纳有钱，同他们一样，也是只蛆虫。鲁迅起来为他辩护，说道：“我想，假使萧也是一只蛆虫，却还是一只伟大的蛆虫，……譬如有一堆蛆虫在这里罢，一律即即足足，自以为是绅士淑女，文人学士，名宦高人，互相点头，雍容揖让，天下太平，那就是全体没有什么高下，都是平常的蛆虫。但是，如果有一只蓦地跳了出来，大喝一声道：‘这些其实都是蛆虫！’那么——自然，它也是从茅厕里爬出来的，然而我们非认它为特别的伟大的蛆虫则不可。”（鲁迅：《“论语一年”》，《鲁迅全集》1973年版第五卷165—166页）鲁迅对于萧伯纳敢于起来反对资本主义秩序，逆流而进的精神，是十分钦佩的，在上面一段针对萧伯纳的论述中，表现了对他高度的礼赞和尊重。

鲁迅和萧伯纳

萧伯纳的出身是寒微的，他出生于爱尔兰城市都柏林一个低级官吏的家庭，家庭的收入微薄使萧伯纳14岁就失了学。父母的离异使家庭解体，逼得萧伯纳年少就去从事社会地位很低的职业，过着极为清苦的生活，他在从事文学活动的最初阶段，向外寄稿的邮费都颇费周折。但是，在他进入文学界以后，从生活、教养和世界观上看，应该说属于资产阶级的，或如鲁迅所说，属于“小资产的知识阶层”。

但是，由于资本主义发展到了它的垂死阶段即帝国主义阶段，“这世界的崩溃，偏偏已经到了这步田地：——小资产的知识阶层分化出一些爱光明不肯落伍的人，他们向着革命的道路上开步走。他们利用自己的种种可能，诚恳的赞助革命的前进。他们在以前，也许客观上是资本主义社会关系的拥护者。但是他们偏要变成资产阶级的‘叛徒’”。（鲁迅：《颂萧》，《鲁迅全集》1973年版第四卷453页）鲁迅的这一段话就是针对萧伯纳而发的。萧伯纳在资产阶级社会已经有很高的社会地位和优裕的物质生活，然而他对自己所属的社会作了勇敢的反叛。萧伯纳同情和欢迎伟大的十月革命，对列宁斯大林领导下的苏联始终抱着友好的感情，并且高兴地在苏联度过他的75岁生辰。萧伯纳在自己的剧作中揭示了资本主义社会人与人的关系是冰冷的金钱关系，无情地揭露了资产者厚颜无耻和残酷狰狞的本来面目。萧伯纳猛烈地抨击英帝国主义的殖民政策，支持爱尔兰的民族解放运动，支持和同情东方被压迫民族反帝斗争。这一切都说明："萧是和下等人相近，而也就是和上等人相远。"

列宁说："当一个唯心主义者批判另一个唯心主义者的唯心主义基础时，常常是有利于唯物主义的。"（列宁：《黑格尔〈哲学史讲演录〉一书摘要》，《列宁全集》第三十八卷313页）同样，我们也可以说，当一个资产阶级出身的人起来揭露资本主义的本质，暴露资产阶级的丑恶并预示其必然灭亡时，他是在揭示着真理，也是无情地解剖着自己，同时又是在猛烈地抨击着自己的阶级，这无疑是对无产阶级有利的，而他本人在这一点上也正在背叛自己的阶级而向无产阶级迈出了可贵的一步。萧伯纳既然是这样，那么作为马克思主义者的鲁迅，必然要挺身而出支持他，同他一起战斗。

鲁迅关于萧伯纳叛逆资产阶级的评述，在理论上是马克思主义的，同马列主义的经典作家关于在阶级斗争决战时统治阶级中一小部分人脱离统治阶级而归附于革命的阶级的指示是一致的（当然，萧伯纳和鲁迅不一样，他虽然叛逆了资产阶级，但是转变到无产阶级的过程并未最终完成），同时又有着鲁迅自己切身的体验。出身是不可选择的，在上一世纪的最后20年，鲁迅是官僚地主家庭的少爷，如他自己后来在一封通信中毫不隐讳地承认的。这时他身上也必然带有这个阶级所给予的影响，这是我们不必讳言的。鲁迅的伟大就在于：由于时代风雷的激荡，他参加了挽救我们民族危亡的反帝反封建的伟大斗争，斗争的实践使他认识到本阶级的罪恶，憎恶这本阶级，背叛了本阶级而成为一个热情的革命民主主义战士，而到新民主主义阶段后，又成长为一个伟大的共产主义者。在勇敢地背叛本阶级这一点上，鲁迅和萧伯纳有许多相似之处，他们都是从旧垒中来反戈一击的战士，都是对旧社会作了深刻揭露鞭挞的讽刺艺术大师。但是他们之间又有着根本的区别，那就是萧伯纳虽然很早就读过《资本论》等马克思主义著作，几乎可以说在马克思身边（同在一个城市——伦敦）度过了他的青年时代，并且同马克思的亲属有过交往，但是经过漫长的一生，却没能使自己成为共产主义者，始终只是革命的同情者。

四

萧伯纳为什么没能像鲁迅那样成长为共产主义者，这个题目太大，有客观的和主观的多种原因，我们不可能在此作全面分析。我们只准备谈其中的一个原因，也是鲁迅曾严正指出过的，即萧伯纳过分依赖自己对社会的独立观察得来的印象，而不愿经过周密的思考得出系统的结论，尤其不愿认真研究书本知识，不愿接受任何一种理论和学说的指导。正因为如此，所以萧伯纳也就轻率地拒绝了当代最先进的思想体系马克思主义的指导，而最后却堕入了一种英国式的改良主义即费边主义的泥坑。当然，正如列宁所说，萧伯纳“是堕入费边主义者中间的一个好人，他比一切他周围的人都左得多”（引自阿瑟尔·兰孙：《苏维埃俄罗斯六周间》，作者系一个英国记者），这也许是他重视“独立观察”带来的一点好处吧！

鲁迅说：“听说英国的培那特萧（按：即萧伯纳），有过这样意思的话：世间最不行的是读书者。因为他只能看别人的思想艺术，不用自己……较好的是思索者。因为能用自己的生活力了，但还不免是空想，所以更好的是观察者，他用自己的眼睛去读世间这一部活书。”鲁迅同意萧伯纳反对读死书这一点，但立即指出萧伯纳立论的偏颇，认为仅仅观察是不够的。必须思索和读书。结论是要读书，“但专读书也有弊病，所以必须和实社会接触，使所读的书活起来”。（鲁迅：《读书杂谈》，《鲁迅全集》1973年版第三卷431页）

鲁迅的话是完全正确的，而且也相当准确地指出了萧伯纳的根本弱点之一。当然，鲁迅的意思决不是说萧伯纳是一个根本不读书的人，而是说他忽视理论、思想体系的指导作用。

萧伯纳本人正是如他自己所说的用“用眼睛去读世间这一部活书”的伟大艺术家。他以自己敏锐的眼光洞察到当时处于首位的帝国主义国家英国的社会深处，在他的几个代表剧作里确实已经触及资本主义社会的根本矛盾，在思想上和艺术上获得了卓越的成就。但是也就因为他过分依赖自己独立的观察和感受，而不能深入地严肃地思考，从而得出多少系统的结论和形成较为完整的世界观。尤其是他不愿使自己的头脑让别人的思想跑马，使他不能接受前人理论上的成就，特别是马克思列宁主义这唯一科学的世界观。因而使他思想摇摆不定，杂乱无章而又充满矛盾，时而有很正确很精彩的见解，时而又受尼采哲学的影响，时而又附和墨索里尼的言论。同时也使他的剧作在尖锐地指责资本主义的丑恶现实后，却又茫然失措，束手无策，不知道依靠什么力量来解决矛盾，不了解社会怎样向前发展，从而发出了无可奈何的哀叹，正如他的著名剧作《伤心之家》中的人物爱丽所说：

“你这是没有法子，我们都没有法子；他也没有法子。”（萧伯纳：《伤心之家》，《萧伯纳戏剧集》1956年版第三集77页）

他的很多剧本都表现出在丑恶的现实面前无能为力的态度。社会现实就是这个样子，任何丑恶现象都有它很深的根源，资本主义是矗立在我们面前的庞然大物，我们无力根本改变它，“没有法子”，只好随遇而安，不了了之。因此，恩格斯在赞许作为文学家的萧伯纳的同时，一针见血地指出他在政治上和思想理论上的极端软弱无力：

“怪癖的文学家萧伯纳——作为文学家他是很有才能和敏锐的，但作为经济学家和政治家却微不足道，尽管他很正直，也不追逐名利——”（恩格斯：《致卡·考茨基》[1892年9月4日]，《马克思恩格斯全集》第三十八卷442页）

由此可见，鲁迅对萧伯纳弱点的评论是一语中的的，不形成完整的确定的世界观，不重视正确的理论和思想体系的指导，就不可能认识和科学地分析复杂的资本主义社会，从而得出正确的政治结论。

萧伯纳由于没能接受马克思主义，理论上的软弱使他滑到了对现实妥协退让和改良的立场，接受了费边主义，同韦伯夫妇等人一起成为费边社的重要人物。费边社的改良主义对英国工人运动起了极为恶劣的作用。一个要求思想独立性的人，一个反对别人思想在自己头脑里跑马的人，结果却反而让一种最糟糕的马队把自己的头脑踏得一塌糊涂。这件事给我们提供了很重要的经验教训。任何一个对人类有所贡献的思想家的创新，决不是离开人类文明发展大道的标新立异，而是重新探讨和批判吸取人类思想和文化发展中一切有价值的东西，总结当代的实践经验，回答时代所面临的迫切问题。而忽视当代先进理论先进思想体系的帮助和指导，只能走向邪路。在我们的时代，帝国主义和无产阶级革命的时代，"遵循着马克思的理论的道路前进，我们将愈益接近客观真理（但决不会穷尽它）；而遵循着任何其他的道路前进，除了混乱和谬误之外，我们什么也得不到"。（列宁：《唯物主义与经验批判主义》，《列宁全集》第十四卷143页）

任何一个不怀偏见的人都会承认：鲁迅是一个有独创性的思想家。但他最善于吸取古今中外思想家的一切有价值的东西。在他的前期，对一切思想学说，都用反帝反封建斗争的实践加以检验，凡是无用的，都摈斥掉，凡是有用的，就拿来用，在用的过程中，有所改造，有所发展，也就是创新。到后期，在斗争的实践中认识和接受了马克思主义这唯一科学的思想武器，就用这武器去战斗，用马克思主义的立场、观点和方法去认识、分析和解决问题，从而使他的思想见解更加正确，深刻和精辟。由于鲁迅不是教条主义地对待马克思主义，而是创造性地运用马克思主义，所以后期的鲁迅，思想更加活跃，更加有所发展，也更加富于独创性。

由此可见，鲁迅和萧伯纳对当代先进的科学的思想体系所采取的不同态度，是导致他们两人思想发展不同结局的一个根本的原因。

1978年6月作

（原载《鲁迅与外国作家》，陕西人民出版社，1981年4月）

萧伯纳作客功德林

周　劭

改革开放以后，数十年离沪的亲友回来探访的多了，总要请他们吃顿饭略尽地主之谊。可是上海的菜馆多达三万余家，却都是大一统的格局，请海外游子吃那些天天空运的海鲜，无疑是班门弄斧，贻笑方家。于是想到最好的去处是吃素菜，而素菜的第一家便是功德林。

功德林之开设，至少已有六七十年的历史，20年代我还在念初中时，便常在家里吃到外卖功德林的名菜烤麸，论斤外卖，每斤只有三大块，长方形的，原料是自制的面筋，用山东生油精烤而成，其鲜美至今难忘；但抗战之后，它的烤麸虽仍外卖，形式却不再旧贯，远道前来排队外卖盛况也就不再了。

上海荤素菜馆的比例严重失调，只是万与一之比，可见上海人都是“食肉者鄙”。除功德林外，只有旧霞飞路上的觉林和另外一家叫春风什么的。时至今天，功德林的旧址已被拆毁，觉林也东迁到金陵路上，大红髹漆，无复昔日淡朴静谧风光。

功德林旧址原处于黄河路凤阳路转角，与卡尔登影院毗邻，两者都是上海胜地，去年同时拆除，每过废墟，总难免有些念旧之情。卡尔登是电影默片时代第一流影院，20年代末我常去看一些有关“一战”的电影，那时片上无声，一般影院都是播放唱片配合情节，只有卡尔登一家雇有乐队音乐伴奏。晚间一场，即使“高等华人”也只好买楼下票，盖楼上暨包厢非峨冠博带身着礼服者莫得而问津。功德林之拆除可惜，连在那里工作的员工都不知道，原来这座古旧的洋楼，楼上还有几间佛堂，收拾得庄严肃穆，金碧辉煌，是居士们礼佛之地，对食客并不开放。抗战胜利那年冬天，家里有位长年持素的老太太整寿，在功德林设筵为她祝嘏。席罢，经理特邀大家到楼上佛堂瞻仰随喜，这使我大开眼界：原来在混浊尘垢的十里洋场上，竟还有如此的清凉佛土，这使我毕生难忘。可是经过十年浩劫之后，我认识一位在功德林工作的青年，问她功德林楼上佛堂情况，她茫然不知所对，佛堂早已在浩劫中夷为民居，无怪青年们不知所对了。

功德林之拆除，只是暂时的事，时隔一年，已在南京西路美术馆对面觅得新址，不日即可复业，但佛堂的恢复是决不可能的了。

功德林吃素菜，当然为大款大腕们所不屑一顾，但它的确曾接待过不少名人，不但是本国的，而且还有世界的，其中的一人，便是跨世纪的爱尔兰大文豪萧伯纳，萧翁是继泰戈尔来华的诺贝尔文学奖得主，他却鄙薄这个火药味甚浓的大奖而予以拒却，并且是第一个访问年轻苏联的英籍作家。斯大林对之加以殊礼，赠给萧翁一本访苏期间可以使用、向任何一家银行可以取款而没有存款的支票。萧翁当然不会使用这本支票，游苏后即到了上海。

萧到上海大约是1933年“一·二八”战后的春晚，是乘邮轮来的，上午到沪，晚上便要启碇，逗留不过十小时，接待他的是P.E.N（一群留学欧美学者的组织“笔会”）。P.E.N既无会址，也无工作人员，但规格之高与限制之严，亦所罕见，与会者只五六人：宋庆龄、蔡元培、鲁迅、林语堂，仅仅上述四人堪与萧合影。还有两位供跑腿之役的中央研究院总干事杨杏佛和名作家邵洵美，不但挨不上摄影，连报上新闻都提不到他俩的大名。另一大名人瞿秋白当时身被名捕，当然不便参与接待，却躲在大陆新村三楼和鲁迅合编了一本《萧伯纳在上海》的小册子。那张合影，后来广为流传，“文革”中因林语堂是资产阶级学者，把他的头“飞”去了，后来又“飞”了回来。

萧在上海自然只能吃一顿午餐，这顿午饭因萧是素食主义者，便由跑腿的盛杏荪宫保的长孙婿邵洵美操办，在功德林请这位跨世纪的大文豪尝尝中国香积厨的风味。后来现复旦大学贾植芳教授关在提篮桥大牢时，巧与邵洵美同号，邵洵美自知为年不永，殷嘱植芳教授必须把功德林宴萧这件事著文流传下来。洵美虽在功德林之宴得以叨陪末座，但报上却仍然没有他的大名。但“笔会”没有经费，这笔功德林的账是由邵洵美付的，共银圆

46元，付了那么多的钱，买不到一个名，其辞若耿耿焉。当时一席鱼翅席，一般只需银圆12元，而功德林的素菜，竟四倍于翅席，好在邵大少爷是不在乎戋戋之数的。

（原载《海上旧闻》，文汇出版社，1998年6月）

萧伯纳

在华活动日程表

1933年2月11日，抵达香港。举行记者会，游览太平山文武庙和铜罗湾天后庙。

1933年2月13日，在香港大学演讲。

1933年2月14日，参加何东爵士举办的宴会。

1933年2月15日，离开香港赴上海。

1933年2月17日，清晨6时乘“英国皇后号”轮到上海新关码头。6点45分于船上会见宋庆龄。

1933年2月17日，上午10时许上岸，先到礼查饭店（今浦江饭店）会见同来沪访问的各游历团团员，随后到亚尔培路（今陕西南路）会晤蔡元培。

1933年2月17日，在宋庆龄家中午餐。

1933年2月17日，下午2时半在上海世界学社，参加“笔会”欢迎会。

1933年2月17日，下午3时在宋庆龄家中接待中外记者。

1933年2月17日，下午4时半参观“一·二八”淞沪抗战遗址。

1933年2月17日，晚6时返回“英国皇后号”轮。

1933年2月17日，晚11时离沪北上，赴秦皇岛。

1933年2月20日，晨9时许抵达秦皇岛。

1933年2月20日，下午3时半过津赴北平（今北京）。

1933年2月20日，晚6时45抵达北平，下榻北京饭店。

1933年2月25日，返秦皇岛，乘原轮南返。

图书在版编目(CIP)数据

萧伯纳：我的幽默／康桥主编．—上海：上海辞书出版社，2014.7(2023.5 重印)
(亲历中国丛书)
ISBN 978-7-5326-4174-1

Ⅰ.①萧… Ⅱ.①康… Ⅲ.①萧伯纳,B.G.(1856—1950)-传记 Ⅳ.①K835.615.6

中国版本图书馆 CIP 数据核字(2014)第 103497 号

亲历中国丛书

萧伯纳:我的幽默

康　桥　主编

策划统筹	朱志凌	**篆　　刻**	潘方尔
责任编辑	朱志凌	**封面设计**	零贰壹肆设计工作室
文字编辑	李婉青	**版式设计**	姜　明
技术编辑	楼微雯		

出版发行　上海世纪出版集团
上海辞书出版社(www.cishu.com.cn)
地　　址　上海市闵行区号景路 159 弄 B 座(邮政编码:201101)
印　　刷　浙江经纬印业股份有限公司
开　　本　787 毫米×1092 毫米　1/32
印　　张　6.25　插页 4
字　　数　106 000
版　　次　2014 年 7 月第 1 版　2023 年 5 月第 2 次印刷
书　　号　ISBN 978-7-5326-4174-1/K·964
定　　价　48.00 元